浄土思想史講義

聖典解釈の歴史をひもとく

平岡聡

春秋社

はじめに

時間的にみれば、仏教はおよそ二五〇〇年の歴史を有する。空間的にみれば、仏教はインドを発祥の地とし、まずはアジア全域をまきこみながら、現在では世界の各地に伝播し、キリスト教やイスラム教とならんで世界宗教に分類されるに至る。この広大な時空の中で仏教は多様な展開を遂げたが、同じ世界宗教のキリスト教やイスラム教と比べれば、その変容の度合いは極端に高い。

同じインドの仏教でも、ブッダ在世当時の仏教と大乗仏教とを比べれば、その性格はずいぶん異なっているし、また同じ大乗仏教でも、その初期と後期とを比較すれば、大乗後期に興った密教は極めて異彩を放つ思想と言えよう。本国インドにおいてさえこれだけの変容ぶりであるから、出発点であるインド仏教と東漸の終着点である日本仏教、たとえば古代インドのブッダと日本中世の法然・親鸞とを比べれば、同じ仏教とは思えない変容ぶりが確認される。

「他力本願に乗じて、阿弥陀仏の極楽浄土に念仏往生する」とは浄土教にはおなじみの表現だが、この中に浄土教のキーワードを拾ってみると、「他力本願／阿弥陀仏／極楽浄土／念仏往生」があげられる。しかし、この中のどれ一つとしてブッダの時代に説かれた形跡はまったくない。影も形もないのだ。

しかし、ブッダの時代から一五〇〇年が経過し、その舞台もインドから中国を経て日本に移行すると、自力で厳しい修行をして覚りを開くはずの仏教が、念仏、しかも「観想念仏（仏の姿形を視覚化する念仏）」ではなく「称名念仏（口で南無阿弥陀仏と称えるだけの念仏。「口称念仏」ともいう。以下、「称名念仏」に統一）」によって阿弥陀仏に救済されるという仏教に大きく変容する。

私は近年、『大乗経典の誕生――仏伝の再解釈でよみがえるブッダ』（筑摩選書）と『ブッダと法然』（新潮新書）を上梓した。前者では、初期経典と大乗経典との差異に注目しながら、表層においては初期経典と大きな違いを見せる大乗経典も仏伝に基づいて構成されていること（特に〈法華経〉はその度合いが強い）、しかし従来の仏伝をそのまま踏襲したのではなく、仏伝を大胆に解釈しなおしていることを指摘した。

また後者では、伝統的な宗教的価値観（パラダイム）を根底から覆した（シフト）仏教者としてブッダと法然に焦点を当て、両者の生涯や教えを比較し解説したが、そのまとめとして、仏教という宗教の特質について私見を述べた。つまり、ブッダも法然も権威主義的なところがなく、自らの教えを否定する姿勢を持っていた点に注目し、自己否定（＝自己再生）する力を秘めている点に仏教のダイナミズムがあると指摘した。

とくに法然は、「時機相応《じきそうおう》」という視点から、末法の世（時）に生きる凡夫《ぼんぷ》（機）にぴったりと合う（相応）教えとして「念仏」を選び取り、従来の仏教を大胆に解釈しなおした。これに基づけば、「仏教の歴史は従来の仏教を再解釈して脱皮し、変容し続けることの連続体ではなかったか」という仮説が成り立つ。そこで、その仮説を検証することが本書の目的となる。

といっても、二五〇〇年の歴史を持つ仏教の全容を体系的に漏れなく網羅することは私の力量を超えているので、ここではその試論として浄土教に焦点を絞り、インドで誕生した浄土教が、中国そして日本へと伝播する過程でどのように再解釈されて脱皮し、法然や親鸞の浄土教へと変容をとげたのかを明らかにする。換言すれば、「再解釈／脱皮／変容」をキーワードに、古代インドから中世日本の浄土教（特に法然と親鸞）の流れを整理することになる。

というわけで、本書はインドから日本に至る浄土教の思想史を網羅的かつ平坦に叙述する教科書的な書ではない。そのような書はすでにあるので（梯［2012］）、私があえて屋上屋を重ねる必要はないだろう。本書の最終的な着地点は法然や親鸞の浄土教にあるので、それを説明するのに必要最低限度の人物に留め、また「聖典解釈による浄土教の変容」を基調として論を展開することを断っておく。

では、浄土教とは何か。ここでは浄土教を、「阿弥陀仏を所縁とする行（観仏・念仏・聞名・称名・信心等）によって極楽浄土に往生し、無上正等菩提の獲得を目指す思想の総体」と定義して論を進めることにしよう。「変容し続けること」に仏教のダイナミズムがあるとするなら、本書で行う作業は、他の仏教思想、たとえば密教や禅などにもにも通ずるはずであり、その意味で本書はその試論となるであろう。

著者記す

浄土思想史講義――聖典解釈の歴史をひもとく

目次

略号表

AN: *Aṅguttara-nikāya*, 6 vols., PTS.

Ap.: *Apadāna*, PTS.

D.: *Derge*（Taipei Edition）.

Divy.: *Divyāvadāna: A Collection of Early Buddhist Legends*, ed. E. B. Cowell and R. A. Neil, Cambridge.

DN: *Dīgha-nikāya*, 3 vols., PTS.

It.: *Itivuttaka*, PTS.

L-Sukh.: *Larger Sukhāvatīvyūha*, ed. A. Ashikaga, Kyoto, 1965.

Mil.: *Milindapañho*, PTS.

PTS: Pali Text Society.

Skt.: Sanskrit.

Sn: *Suttanipāta*, PTS.

SN: *Saṃyutta-nikāya*, 6 vols., PTS.

S-Sukh.: *Smaller Sukhāvatīvyūha*, ed. M. Müller and B. Nanjio, Oxford, 1883.

T.: *Taishō Shinshū Daizōkyō*, ed. J. Takakusu and K. Watanabe, et al. 55 vols., Tokyo, 1924–1929.

Th.: *Theragāthā*, PTS.
Tib.: Tibetan.
Ud.: *Udāna*, PTS.
Vin.: *Vinayapiṭaka*, 5 vols., PTS.
聖典：『浄土真宗聖典（注釈版・第二版）』京都・本願寺出版、二〇〇四年.

凡例

（一）歴史的 Buddha、すなわち釈迦牟尼（＝ガウタマ・シッダールタ／ゴータマ・シッダッタ）仏は「ブッダ」とカタカナ表記し、その他の Buddha は「仏」と漢字表記する。ただし、慣用表現については、「ブッダの滅後」ではなく「仏滅後」、「ブッダの弟子」ではなく「仏弟子」、「ブッダの伝記」ではなく「仏伝」と漢字で表記する。

（二）経典名等の表記について、〈 〉括弧でくる場合は、その経典の総称を意味する。つまり、〈無量寿経〉はインド原典・チベット訳（以下、蔵訳）・漢訳などをすべて含んだ総称、また『無量寿経』は康僧鎧訳の漢訳経典を意味し、両者を区別する。

（三）散文と韻文では、原典からの訳の調子を変えている。散文は通常の現代語、韻文はやや古語的にしてある。

（四）インド語を出す必要がある場合は、サンスクリット／パーリ（Skt./Pāli）の順とする。

浄土思想史講義——聖典解釈の歴史をひもとく

序章　変容の背景

一　聖典解釈という問題

問題意識

私は浄土宗寺院の長男として生まれた。浄土宗子弟のごたぶんにもれず、私も「仏教が当たり前」という空気を吸い、わけもわからないまま「南無阿弥陀仏」と称えることが日常生活の一部となる環境で育てられた。ぼんやりとではあったが、「阿弥陀さん」は〝何か凄い存在〟、「法然さん」も〝何か偉い人〟として、両者を崇拝尊敬してきた私が大学に入って仏教を学問的に学ぶにつれ、徐々に違和感を覚えるようになる。それまで信じて疑わなかった前提が、足下から徐々に崩れる感じと言ったらいいだろうか。

どうも阿弥陀仏とは、経典という物語に登場する架空の仏らしい、大乗経典はブッダの滅後に創作された経典であり、仏説ではないらしい、念仏往生といいながら、その根拠となるインド原典の〈無量寿経《むりょうじゅきょう》〉の第十八願には「十回、心を起こすこと」とあるだけで、口に南無阿弥陀仏と称えることではないらしい、などなど、それまでの前提がなだれを打って次々と崩れだしたのだ。

本来、仏教は自力で修行して覚りを開く宗教だったが、数百年も経たないうちに阿弥陀仏の他力で救われる救済の教えに変貌した。これでも仏教と言えるのか。そういう問題意識は持ちつつも、幼少期より培われた習慣は恐ろしく、頭では疑問を感じながらも体はそれに反応せず、窮地に立てば「南無阿弥陀仏」と称えている自分がいる。

これは浄土教に限ったことではない。仏教史をインドから日本まで概観すれば、南伝はともかく、北伝の仏教の変貌ぶりは著しい。浄土教と並んで密教も、ブッダの時代の仏教から比較すれば、極めて特異な展開を遂げている。欲望を否定する仏教が、積極的に欲望を肯定しだしたのであるから。また中国の華厳や天台も初期仏教には直接トレースできない思想であり、日本の日蓮の唱題（南無妙法蓮華経）も同様である。

中国や日本に目を移さずとも、同じインドにおいてさえ、中観《ちゅうがん》哲学や唯識《ゆいしき》思想、また如来《にょらい》蔵《ぞう》思想も、初期の仏教からすれば極めて特異な思想を展開している。そのような仏教を「仏教ではない」と切って捨てることもできよう。とくに初期の仏教の面影を色濃く反映する南伝仏教の出家者は、今日の日本の仏教を「仏教」と認めることに抵抗があるに違いない（この問題は終章の最後で取りあげる）。

二五〇〇年という歴史と、アジアのみならず今や世界各地に拡がりをみせる仏教の多様化は瞠目に値するが、ではそのような特異な仏教も「仏教である」と主張するとすれば、いったい仏教はいかなるロジックのもとにこのような思想の発展を遂げたと考えられるだろうか。本書では浄土教に焦点を絞り、その変容ぶりを歴史的に跡づけることを目的とする。

大学入学以来のモヤモヤを払拭したいという個人的な思いを抱きつつも、具体的な行動を取ることなく半世紀以上の齢を重ねたが、最近の著書出版により、徐々にその思いは膨れあがり、最近、その思いを行動に移す研究に巡り会うことになった。これは本書を著すにあたって、相当に強力な〝後ろ盾〟になった論攷である。

〝解釈〟という視点

私は近年、二冊の著書を著し、仏教の歴史や展開を理解するキーワードとして「再解釈／脱皮／変容」をあげたが、それに先立ち、すでに本庄［2011］は仏教における経典解釈の原理・原則を明確に言語化していた。これは仏教史を考える上でも極めて重要である。なぜなら、仏教の歴史の主要部分は〝経典解釈の歴史〟であるからだ。インド仏教から日本仏教まで、時代と地域は変わっても聖典解釈の原則は変わっていないこと、換言すれば、仏滅後インドで行われた聖典解釈の方法は日本の中世の法然にも受け継がれていることを、本庄は見事な筆致で論証するが、その要点はつぎの一文に集約されよう。

「宗義に基づく、あるいは宗義を立てるための聖典解釈においては、仏説の表面的な文言よりも、解釈者の解釈が優先される」（圏点：平岡）

いかなる宗義も仏説（経典）に典拠を置くのは当然だが、仏説そのものが多種多様にして矛盾している状況では、仏説の文言を、解釈する側からの吟味なしにそのまま素直に受けとって最終判断基準とするわけにはいかなくなった。すなわち、仏説には「そのまま受け取るべき文言（了義《りょうぎ》）」と「再解釈を必要とする文言（未了義《みりょうぎ》）」とがあり、それが総体として宗義につながっていく。矛盾が生じたとき、ブッダが生きていれば彼に尋ねればすむ話だが、その道が閉ざされたとき、「どの説がブッダの真意であるか」を、権威ある仏教思想家（たち）が決め、一貫した体系を造っていかざるをえなかった。

その際、立論にあたっては、教証《きょうしょう》（ブッダの教えによる証明）のみならず、理証《りしょう》（道理による証明）が要求されることになったのも、経に説かれる語の重みが相対的に失われていったことの象徴であり、ブッダの説といえども、個々の経は、まず「文字どおりに受け取ってよいか」という問いかけと論理的な吟味なしに読むことは許されなくなってしまった（本庄［2011:

112]）。しかし、解釈は多岐にわたるもの。かくして教団は経典の解釈を巡って分岐を余儀なくされ、部派（学派）というグループに分かれて存在せざるを得なくなったが、この時代の仏教を部派仏教と言う。

本書ではこれ以降、ブッダの時代の仏教から部派仏教をまとめて「伝統仏教」と呼ぶ。これは大乗仏教の母胎ともなった仏教のことで、大乗仏教興起後も存続し、むしろこちらがインド仏教の主流派であった（平岡［2015: 32–38］）。

アビダルマ仏説論

膨大な経典を精読すると、矛盾した表現に出くわすことがある。たとえば、「一切は皆、苦である」と「苦あり、楽あり、その中間あり」という二つの経文が実際に存在する。どちらも仏説である経典に説かれてはいるが、内容は矛盾している。このような場合、当時の仏教徒はどちらか一方を採択し、他方を斥けるという態度を採らなかった。なぜなら、彼らは「仏は決して無意味なことは言わない」と考えたからだ。

したがって、どちらか一方を「文字どおりに受けとってもよい説」（了義）と考え、他方は「文字どおりに受けとってはいけない説」（未了義）、すなわち仏が衆生を教化するための「裏の意味」（密意《みっち》）が隠されていると考えたのである。どちらを了義として採択するかは部派（学派）によって異なるし、「密意」の解釈の仕方も異なる。

仏教の典籍は三蔵に分類される。経蔵（仏が説いたとされる教えの集成）、律蔵（仏が制定したとされる戒律の集成）、そして論蔵（経蔵と律蔵に対する註釈書）の三つだ。経蔵と律蔵とは仏説だが、論蔵は後代の仏教徒が作成した註釈文献だから、仏説ではない。しかし、経蔵や律蔵の矛盾した言説に対し、密意を探る努力を積み重ねた結果は「論蔵」に集約されるので、論蔵こそが各部派によってブッダの真意を代表する「仏説」として、その地位を高めていく。そしてついに、ある時期、論蔵は単に「仏説」であるに留まらず、三蔵の中で最高の権威を有する典籍と見なされるに至った。

論蔵はアビダルマ（abhidharma）とも言われる。本来は「教法（dharma）に対する（abhi）」、つまり「注釈文献」を意味するが、abhi- という接頭辞には「優れた／高度な」という意味もあり、三蔵の中で最高の位置づけを獲得するにつれ、「高度なダルマ」「優れたダルマ」をも意味するようになった。

また何かを立証したり立論する場合、教証（経典の教えによる証明）だけではなく、理証（理屈による証明）が要求される。こうして、経典に説かれる言葉の重みが相対的に失われ、仏説といえども、個々の経は、まず「文字どおり受け取ってよいか」という問いかけと論理的吟味なしには読むことがゆるされなくなってしまったと本庄は指摘する。かくして、「アビダルマは仏説である」という「アビダルマ仏説論」がインドで展開されることになった。

アビダルマ仏説論から大乗仏説論へ

本庄［1989］はこれに基づき、アビダルマ仏説論が大乗仏説論の根拠になったと考える。大乗経典は仏滅後、三〇〇年以上が経過した後に創作され始めた経典群であるから、仏説の「仏」を「ブッダ」に限定すれば、仏説ではあり得ない。しかし、三蔵中、本来は仏説ではなかった論蔵（アビダルマ）に仏説の権威が与えられれば、本来は仏説ではない大乗経典も仏説の地位を得る道が開けてくる。

部派仏教徒たちは自分たちの論蔵の権威を守るために「密意」に加え、「隠没《おんもつ》」と「法性《ほっしょう》」で理論武装した。「隠没」とは、「ブッダの教えのうち、残ったものも多いが、失われた（＝隠没）ものもある。現存する経に説かれていないものは、隠没した経に説かれていたのを、阿羅漢（覚りを開いた聖者）である著者が三昧《さんまい》（精神集中）に入り、特殊な智慧によって見通して回復せしめたものだ」とする理論である。

「法性」とは、「ブッダによって説かれていなくても、諸存在の特徴、根本的なあり方（法相・法性）に適えば、仏説である」とする理論である。つまり、理屈・道理に適っていれば、仏説と認めてよいとする考え方だ。この、「密意／隠没／法性」の三理論は大乗仏教興起の原理的基盤を提供したとし、大乗教徒たちの大乗仏典創作は、自らがブッダの真意と考える説を仏説として提出する作業であったと本庄は指摘する。

以上、聖典解釈の最初期の態度を概観したが、これはその後、中国および日本を経ても継承されていく。つまり、解釈の上に解釈が上書きされ、その結果、仏教は時代と地域とを超えて大いなる変容を遂げることになった。そうでなければ、インド仏教の原始の姿がそのまま現代の日本仏教に伝わっていただろう。

二　仏教における言葉の問題

龍樹の二諦説

近代言語学の父ソシュールは、シニフィアン signifiant（音の連鎖）とシニフィエ signifié（音の連鎖が表す言葉の意味）の関係から、言語を記号の体系と規定したが、インドでは大乗仏教の中観哲学を確立した龍樹（ナーガールジュナ）が、紀元後二世紀前後、真理（諦）を「勝義《しょうぎ》諦《たい》（言葉では表現できない真理そのもの：所詮）」と「世俗諦《せぞくたい》（言葉で表現された真理：能詮）」との二つに分け（二諦説）、一切の言語表現を「戯論《けろん》」として斥けた。つまり、仏教は「言葉（能詮）」と「言葉によって意味される対象（所詮）」とは同一ではないと考え、仏教の言語観を明確にしたのである。

真理本体（所詮）は、言葉をはじめ、あらゆる〝表現〟を超えているが、それを表す言語（能詮）は多種多様にあると仏教は考える。「此岸（迷いの世界）から筏（ブッダの教え）に乗って彼岸（覚りの岸）に渡ってしまえば、陸路を進むのに筏は必要ないから捨てよ」という初期経典中の「筏の喩え」は有名だが、これは仏教の言語観を如実に表しており、その理屈を龍樹は二諦説で見事に説明する。しかし、「言葉＝真理」ではないとしても、「単なる言葉」と「真理を表現した言葉」は区別して考えなければならない。世俗ではあっても、真理を表現しているからこそ「世俗〝諦〟」であり得るのであり、真理を表現していない言葉は、単なる「世俗」でしかない。

中国禅家の「指月の喩え」はこれを巧みに表現している。月（真理）の在処を指（言葉）で指し示す場合、月と指は同一ではないが、しかし月を指し示す指がなければ月の在処がわからない。つまり、この指は「正しく月を指し示している」から意味があるのであり、月を指し示さない指には何の価値もない。同様に、言葉も真理そのものではないが、「真理を巧みに表現している言葉」には、そうでない言葉と違って価値がある。

仏教における説法の特徴「対機説法《たいきせっぽう》」も、この線に沿って理解されるべきであろう。対機説法とは「相手の機（能力）に応じて法を説くこと」を意味するが、相手の能力を見極め、その相手にもっとも相応しい表現で法を説くから、結果として言語表現が相手によって異なるのは当然だ。この対機説法は「応病与薬《おうびょうよやく》（病に応じて薬を与えること）」とも言われ、病人の症状や病因が違えば、当然のことながら処方する薬も変わってくるのに喩えられる。

バラモン教の言霊

理屈はそうだが、同じインドでも、言葉に実体（霊力）を認める考え方の方がむしろ主流であった。インドの正統宗教であるバラモン教がそうであるし、そのバラモン教やインド土着の宗教に仏教も影響を受け、伝統仏教のパリッタや真実語、また大乗仏教のマントラ（真言）も言葉を実体視するようになる。インドは古来より「言語」に極めて高い意識を持っていたが、その理由を中村［1988: 328］によりながら、紹介する。

古代よりインド人は言葉と実在とは一体をなし、各々の事物の中にはその名前で表示される呪術的な本質が含まれていると考えた。つまり、その名称である言葉の内には神秘的な霊力が潜んでいると考えたのである。よって、その名前を知り、言葉を駆使できる者は、客観的な事実をも支配しうると考えた。彼らは「言葉の知識は力である」ことを前提として承認し、このような観念に基づいてバラモン教の大がかりな祭儀は成立しており、言語の中に霊力を認めるという考え方は、わが国に古来より存在する言霊信仰と相通ずるところがあると中村は指摘する。

また中村［1989: 432］は、古代インド人が人間の言葉に霊力を認めて、言葉が一定の方式にしたがって発せられると、その意味内容が実現すると信じていたと指摘し、『リグ・ヴェーダ』では世界創造神が「言葉の主（vācaspati）」と表現され、言葉が万有の最高原理として立てられているという。

これはセム系の一神教にも確認できる言語観である。たとえば『旧約聖書』「創世記」には、「神が「光あれ」と仰せられた。すると、光ができた」（バルバロ［1980: 5］）とあるように、言葉はその内容を実現させる力を秘めていることがわかる。また『新約聖書』「ヨハネによる福音書」の冒頭は、「はじめにみことばがあった。みことばは神とともにあった。みことばは神であった。みことばははじめに神とともにあり、万物はみことばによって創られた」（バルバロ［1980: 135］）で始まるが、ここでも言葉は神と同一視され、バラモン教の言語観と一致する。

仏教の言霊

このような言語観は、仏教にも影響を与えた。何事にも「理想と現実」「本音と建前」の区別はある。仏教本来の立場は外的環境のいかんに関わらず、出家して自らの内面と向きあいながら修行し、最終的に苦からの解脱を目指すから、俗事に関わることは基本的に禁止される。出家者が呪術や神変（超能力によって生みだされた超自然的現象）を行使することはブッダによって禁止されたが、仏典には例外的な記述も目につく。

生産活動に従事しない出家者たちは、衣食住を在家信者の布施に頼った。だから、世俗（社会）との関係を完全に断ち切れず、その結果、在家信者や社会の要請に応じる必要性から出家者も俗事に関わるようになり、パリッタを唱えて悪霊を退治したり、病人を治癒したり、また雨乞をする話も、後期のパーリ文献に散見する（片山［1979］）。パリッタ（paritta）はpari

√trā（守護する）に由来し、さまざまな厄難から身を護るための呪文を意味するので、「護呪《ごじゅ》」とも漢訳されるが、出家者はパリッタを唱えることで霊能者的な役割も演じていた。

パリッタの呪法は言葉に霊力を認める考え方を前提としているが、これと並んで、真実語（satyavacana）の用例も指摘しておく。これは真実を言葉で表現することで、その祈願が叶うとされる。つまり、真実は「言葉」として発せられることで効力を発揮する力を持つと信じられていた。これも言葉に実体を認める用例であり、この真実語はパリッタに組み込まれることもあった（奈良［1973: 51］）。

また大乗仏教の後期には、仏教とヒンドゥー教との習合により密教が誕生した。ヒンドゥー教は「「ヴェーダ」の影響を受けながらも、土着の宗教の影響を受けた宗教・思想・文化の複合体」と定義される（松濤［1980: 48］）。よって、そのヒンドゥー教との混淆によって誕生した密教は、バラモン教以来の言語観に大きく影響を受け、陀羅尼《だらに》・真言・マントラという、言葉に実体（霊力）を認める考え方が誕生したのである。

密教の基本的な行は三密《さんみつ》（＝身口意の三業）と呼ばれ、手に印契《いんげい》を結び（身業）、口に真言や陀羅尼を唱え（口業）、心を三摩地《さんまじ》の境地に入らせる（意業）ことをいうが、印契が真理を形に凝縮したものであるとすれば、それを音に集約したものが真言や陀羅尼である（松長［1991: 104–105］）。

音や言葉は意味内容を伝達する単なる手段ではなく、それ自体に不思議な威力が備わっているという信仰は言霊信仰と呼ばれ、日本の宗教の言霊信仰も、「ある言葉を語ると、その言葉がその言葉の意味内容を実現させる力を持つ」と考えるから、世界的にみると、言葉は単なる記号ではなく、実体を持つとする考え方の方が主流のようだ。なお、念仏の言霊化についは最後に取りあげることになるだろう。

第一章　浄土教前史

一　阿弥陀仏と極楽浄土の起源

最初期の仏教の姿

現存する文献資料を精査した結果、仏教の開祖とされるブッダの生涯は、およそつぎのように要約される。今から約二五〇〇年前、王子として生まれたブッダは生老病死に代表される「苦」からの解脱を目指し、二九歳で出家した。そして精神集中や苦行といった行を実践すること六年、最終的には苦行を放棄すると菩提樹の根元で瞑想し、縁起の理法に目覚め、三五歳で覚りを開いた。

その後、苦行時代の仲間である五人の修行者に初めて法を説くと（初転法輪《しょてんぼうりん》）、彼らも覚りを開き、ここに教団が成立した。その後、熱心な布教活動によって有力な弟子たちや在家信者を獲得することで後の教団発展の礎を築き、齢八〇歳のとき、ブッダはクシナガラの沙羅双樹のもとで入滅し、荼毘に付されると、有縁の者たちによって遺骨（舎利）は八分され、それを安置して塔が建立された。

このような生涯を送ったブッダ、および当時の出家者たちの基本的な修行法は、苦の原因である煩悩を身体的な修行で滅尽し、心の解脱を得るという、極めてシンプルなものである。外的な環境や状況がどうであれ、それは苦の本質ではなく、煩悩に基づく心のありようこそが苦をもたらす原因であると見極め、自分の内面と真摯に対峙し、その煩悩の滅を修行で達成するというのが基本である。

これに関連して、輪廻の問題に触れておく。一般的に仏教は輪廻を認め、その輪廻からの解脱を説く宗教と見なされているが、ブッダ自身が輪廻を認めていたかどうかは、慎重に見極めなければならない。並川［2005: 109–129］は、古い文献になればなるほど、輪廻を前提とする用語（「再生」「死後」など）が減り、逆に新しい文献になればなるほど、輪廻を前提とする用語が増えるという事実から、ブッダ自身は輪廻に対して否定的態度を取っていたと推論する。しかし、ブッダの死後、仏教は輪廻を前提とする方向へシフトし、その教理教学も完全に輪廻を前提としているし、浄土教も輪廻なくしては成立しない思想なのである。

この並川の論攷を前提にするなら、ブッダ在世当時の修行者は、生まれてから死ぬまでの

〝この人生〟自身を問題にし、その限られた人生の中で自分の内面と向かい合い、身体的な修行によって煩悩を滅し、苦から解脱することに邁進していた姿が想像される。かりに輪廻を前提としても、今生で覚りを開けなかった修行者は、生まれ変わってつぎの生で再び出家し、生前、やり残した修行の続きを継続して行い、最終的に苦から解脱することに人生の希望を見出していたはずだ。

そのような仏教の最初期に、阿弥陀仏・極楽浄土・念仏往生・称名思想といった観念があろうはずがない。よって、浄土教は直接、初期仏教にトレースできないが、長い仏教史の中で、その萌芽となる思想はいくつか確認できるので、本章では浄土教前史として、浄土教の重要タームを伝統仏教の資料の中に探ってみよう。

浄土教研究史

最初期の仏教と大乗仏教の中で誕生した浄土教の間には、埋めがたい（ような）溝が確認されるので、一九世紀以降、多くの研究者がこの問題に取り組んできたが、厳密な意味での学術研究手法を駆使して浄土教の諸問題を体系的かつ網羅的に考察したのが藤田宏達である。では藤田［1970: 3–9］によりながら、それまでの研究の問題点と藤田の研究の特徴を明らかにしてみよう。

日本で仏教が学問の対象として本格的に研究され始めたのは、明治以降である。日本仏教の淵源である大乗仏教が直接ブッダの教えに遡れないことが学問研究によって判明するや、日本では「大乗非仏説論」が議論の的となった。浄土教も研究の対象として考察の俎上にのぼったが、研究者は主に浄土宗や浄土真宗の僧籍を持つ研究者であったため、その研究は自ずと宗学的研究の性格を帯び、宗派仏教の伝統的理解からは脱しえないという弱点もあった。くわえて、研究の対象となる文献は漢訳の浄土経典だったから、インド原典に遡っての批判的研究は行われなかった。これをふまえ、藤田［1970: 5］は自らの学的態度をこう表明する。

われわれは、原始浄土思想を、従来の宗派仏教の伝統的理解からひとまず離れ、現代のインド学・仏教学の学問的視点に立って、批判的に研究し直すことが必要であると考える。それは、現代の発達した文献学と歴史学の方法論的基礎に立って、原始浄土思想がインド思想ないし仏教思想の流れの中で、どのような位置を占め、どのような意義を担っているかということを解明することを意味するであろう。

そしてこの後、藤田は自分の研究の特徴として、初期仏教との関係を中心に原始浄土思想を研究することを上げている。阿弥陀仏や極楽浄土の起源に関しては、インド外の宗教や文化の影響とみる研究も散見する。むろん、そのような影響を最初から排除すべきではないが、まずはインド内部、とりわけ大乗仏教興起以前の仏教伝承との関係性の中で浄土教を理解しようというのが、藤田の基本的な態度であるし、この藤田の学的態度に私は大いに賛同する。

この書は一九七〇年に出版され、その後、日本の浄土教理解はめざましく進展した。半世紀近く前の研究であるが、いまだに色あせず、浄土教の研究者はこの書を無視して研究を進められない。しかし、学術研究は進展するものであり、一九七〇年以降、新たな知見も誕生した。これをふまえ、藤田は前著に基づきながら、新たな知見も取り込み、二〇〇七年に新たな書を出版した（藤田［2007］）。よって、これ以降は藤田［2007］によりながら論を進める。

阿弥陀仏の起源の問題

では、阿弥陀仏の起源から考えてみよう。藤田は「阿弥陀仏」と漢訳される原語を確定する作業から始め、それが「アミターユス」と「アミターバ」以外にないと結論づける。アミターユスは「無量の寿命（無量寿）」、アミターバは「無量の光明（無量光）」の意だが、「阿弥陀仏」は無量寿仏と無量光仏の両訳語を含みうる音写語なので、この仏名をもっとも包括的な名称と見なす。

つまり、阿弥陀仏は「無量の寿命と無量の光明とをあわせ持つ仏」だが、このような意味を持つ阿弥陀仏は初期経典中にまったく確認できないので、過去の研究者たちはその起源を多様な領域に求めた。諸説を整理すると、外来起源説（インド以外に起源を求める説）と内部起源説（インド内部に起源を求める説）に大別され、後者はさらにヴェーダ神話起源説と仏教内部起源説とに分類される。藤田はいずれの説も認められないとし、初期仏教から展開した仏陀観の中にその起源を探る。これは内部起源説に分類されるが、従来の神話に起源を求める立場とは異なっている。

阿弥陀仏の原語「アミターユス」と「アミターバ」を手がかりに、藤田はその起源を仏教の開祖ブッダに求める。まずは「アミターユス（無量寿）」の由来から。その典拠はブッダの入滅を扱う『長部』の「大般涅槃経《だいはつねはんぎょう》」である。ブッダは入滅する三ヶ月前、アーナンダに対して三度、こう告げる。

「アーナンダよ、如来は四神足《しじんそく》を修し、多くをなし、習熟し、堅固になし、実行し、積み重ね、よく努めている。アーナンダよ、かの如来は、もし望むならば、一劫の間、あるいは一劫以上の間、留まることができるだろう」（DN ii 103.4–8）

ここではブッダは常人と違って、必要に応じ、その寿命を延長しうるという見方、すなわちブッダの寿命の永遠性に対する強い関心が表明されており、「アミターユス（無量寿）」の観念と相通ずるものがあると藤田は指摘する。というのも、この教説が〈無量寿経〉の編纂者によって知られていたと推定されるからだ。その梵本ではブッダがアーナンダにこう告げる場面がある。

「アーナンダよ、如来は、もし望むなら、一施食をもって、一劫の間、留まることができるであろう。あるいは百劫の間、あるいは千劫の間、あるいは十万劫の間、あるいは何十万・百万・千万劫の間に至るまでも、あるいはそれ以上にも〔留まることができるだろう〕」(L-Sukh. 4.12–15)

このように、阿弥陀仏の寿命が何百千万劫であり、長久・長遠であり無量であると説いているのは、やはり初期仏教の説と通底するものがあり、「アミターユス」の由来するところが、初期経典におけるこのような仏陀観に胚胎しているとみるべきであるという。

つづいて「アミターバ(無量光)」の由来であるが、仏と光明の結びつきは初期経典に頻出する。たとえば、『相応部』ではこう説かれる。

「世間に四つの光あり。ここには第五〔の光〕なし。太陽は昼に輝き、月は夜に光る。また火は昼夜にそこここを照らす。正覚者は輝けるものの中で最勝者にして、この光明は無上なり」(SN i 15.9–12)

このほかにも用例はたくさんあるが、ブッダと光の組み合わせは珍しくなく、したがって、

「アミターバ（無量光）」の起源が、このような初期仏教の仏陀観に由来しているとみることは、決して無理ではないと藤田は指摘する。

本生説話からみた起源

以上は原語からのアプローチであったが、藤田は別の観点からも阿弥陀仏の起源を探る。それが本生話からの考察だ。阿弥陀仏がいかにして仏になったかを説明する阿弥陀仏の本生話（過去世物語）は資料によって全一六種あり、その中でもっとも有名なのが〈無量寿経〉の法蔵菩薩説話である。阿弥陀仏は過去世の燃灯仏よりはるか以前の世自在王仏《せじざいおうぶつ》のとき、法蔵という菩薩だったが、覚りを求めて四八の誓願を立て、その誓願を成就するために長時永劫の修行を実践した結果、今から十劫以前に成仏して阿弥陀仏となり、現在は西方極楽世界で法を説いているとされる。

この話は〈無量寿経〉が初出ではなく、伝統仏教の燃灯仏授記《ねんとうぶつじゅき》の物語に基づいて創作されている。輪廻を前提とした教理に沿う形で、ブッダの覚りの神格化はブッダの過去世物語を創出せしめた。つまり、ブッダの覚りはこの世の六年間の修行だけで完成したのではなく、過去世での数多の修行があってはじめて可能になったと考えられるようになった。これが「ジャータカ」と呼ばれるブッダの本生（前世）物語である。

こうして多くの本生話が作られ、人間や動物に輪廻しながら、ブッダはさまざまな行（主に布施行）を実践してきたと説かれるようになるが、あるとき本生話創作の過程で修行の起点が問題になった。こうして考え出された本生話の起源が、燃灯仏授記の話である。パーリの伝承では、ブッダの本生であるスメーダが未来世において仏になることを決意して泥の上に自らの髪を布き、燃灯仏を渡そうとし、また成仏の誓願を立てたので、それを見た燃灯仏はスメーダの成仏を予言した。ブッダはこれを起点にして善行や修行を積み、覚りを求めるようになったと言われる。

このように、ある人物がある仏の前で成仏を決意して誓願を立て、その誓願を成就するために修行するという点で、両者は完全に一致する。つまり、法蔵説話は燃灯仏授記を下敷きにしており、法蔵菩薩に対する世自在王仏の位置は、ちょうどブッダに対する燃灯仏の位置に対応する。〈無量寿経〉の「法蔵比丘と世自在王仏」の関係は、燃灯仏授記の「釈迦菩薩と燃灯仏」の関係に置換可能なのであり、法蔵菩薩（＝阿弥陀仏）はブッダの投影であると理解できる。

以上、阿弥陀仏の起源を言語的な観点と本生話という観点から眺めてみたが、阿弥陀仏の起源はいずれも仏陀観の変遷の延長線上にあり、仏教の開祖ブッダを大胆に解釈しなおしたのが阿弥陀仏の起源にあることを確認した。他文化との接触や他宗教からの影響は排除されるべきではないが、仏教内部、しかも仏陀観の変遷という観点から阿弥陀仏の起源を跡づけることが充分に可能なのである。

大乗経典の誕生

大乗経典の特徴は「成仏」にある。ブッダだけでなく、「誰でも仏になれる」ことを理想にする。その方法は多様だが、「成仏」というゴール（目標）は大乗仏教の共通項である。ブッダの時代から、ブッダ以外にも「仏」と呼ばれる仏弟子はいたが、教団の組織化やブッダの神格化に伴い、仏はブッダ一仏に限定されていく。しかし仏滅後、そのような風潮に異を唱える者たちが現れ、本来の姿である「誰でも仏になれる」を理想に掲げ、新たな経典を創作した。それが大乗経典である。成仏の方法は多種多様であるから、多種多様な大乗経典が創作された。

よって大乗経典、あるいは大乗仏教の根を一つに求めることはできない。「成仏」という理念は共有していても、その理念の実現の仕方は異なるが、成仏を目指すのなら、何をおいても手本（模範）にすべきは教祖ブッダをおいてほかにない。というわけで、大乗経典の作者が仏伝に注目するのは自然であった。

ブッダは成仏する前、菩薩と呼ばれ、菩薩行に邁進していたから、自分たちもまずは菩薩であることが求められる。こうして、大乗経典には多数の菩薩が登場するようになる。また燃灯仏授記によれば、菩薩になるには仏に授記される必要があるが、無仏の世では記別《きべつ》（予言）を授けてくれる仏はいない。かくして、消滅する色身に代わり、常住不変の法身が大乗経典で重視され、またその法身に人格的な肉づけを施した「現在他方仏」が、世界観の発展によって登場することになった。

こうして菩薩は仏に授記され、将来、成仏することになるが、これは仏伝をモデルにしている。ただし、大乗仏教徒は単に伝統的な仏伝をそのまま依用したのではなく、大胆に解釈しなおし、自らの宗教体験とすり合わせながら、大乗経典を創作していった。たとえば、〈無量寿経〉の阿弥陀仏はブッダを再解釈し、新たな救い主として再生させている（平岡［2015: 152–158］）。また、極楽に往生した者は、極楽で菩薩として修行を積み、阿弥陀仏に授記されて成仏の保証をもらい、将来、仏として衆生救済の任務を遂行するという構図が浮かび上がってくるが、基本は仏伝と同じである。

極楽と浄土

ひきつづき藤田［2007: 350–399］によりながら、阿弥陀仏が荘厳した極楽浄土についてみてみよう。「極楽浄土」という用語自体はそう古くはなく、インドや中国ではその用例が確認されず、日本の平安時代以降に「極楽浄土」の用例が確認できる。しかし、この四文字熟語を「極楽」と「浄土」に分解すれば、それぞれ古い時代から用いられていた。後に極楽と浄土は同義で用いられることもあるが、本来、両者は区別して考える必要がある。浄土は普通名詞、極楽は固有名詞なので、数ある浄土のうちの一つが、阿弥陀仏の構える極楽ということになる。

では、普通名詞の「浄土」から考えてみよう。これは「浄らかな土」と「土を浄める」という二様に訓読できるが、後者は「仏国土を浄める」という浄仏国土《じょうぶっこくど》思想に由来し、浄土教のみならず大乗仏教一般に共通する観念である。大乗仏教の菩薩たちは未来世で仏になるとき、自分の出現すべき国土を清浄にすることになっており、それによって実現する世界が「浄土」である。つまり、自分の仏国土を浄めた結果、浄らかな仏国土が実現されるのである。その浄仏国土思想の一つの典型が阿弥陀仏の極楽なので、特異な展開を遂げた浄土教も大乗仏教の本流に位置づけられる。

つづいて、浄土の典型例である「極楽」の語義についてみてみよう。この原語は「スカーヴァティー（sukhāvatī）」であるが、これは「楽あるところ」を意味する。この語は「極楽」以外に「安楽」や「安養」とも訳されるが、その使用頻度は漢訳者や漢訳文献によって異なる。

では、その極楽の起源はどこに求められるのか。藤田はこれも外来起源説と内部起源説とに整理し、さらに内部起源説をインド内部起源説と仏教内部起源説とに分けて整理するが、諸説は全部で一三にも及ぶ。この数字をみただけでも、極楽の起源を特定することが極めて難しいことがわかり、決定打はない。極楽の描写は他の浄土の描写に比べ、もっとも詳しく説かれてはいるが、決して特殊ではなく、他の大乗経典に見られる仏国土の描写と極めて近い場合もあるので、極楽の起源を論ずる際には、仏教内部起源説にもっとも注意をはらう必要があるという。

指方立相の極楽浄土 28

中国の善導は浄土三部経の一つ『観無量寿経《かんむりょうじゅきょう》』（以下、『観経』と略す場合がある）を註釈する際、浄土の存在を「指方立相《しほうりっそう》」と位置づけた。これは「阿弥陀仏の具象化した仏身および浄土の有相を、ブッダが方角（西方）と相を通じて説示したこと」を意味する。これによれば、浄土は〝西〟という方角に、形を具えて存在する〝有形〟の存在ということになるが、浄土は唯心論的（無形的）に理解されることもある。その典型例が『維摩詰所説経《ゆいまきつしょせつきょう》』「仏国品」の有名な一節、「若し菩薩、浄土を得んと欲せば、当に其の心を浄むべし。其の心浄きに随って、則ち仏土浄し」（T. 475, xiv 538c4–5）である。

　よって、浄土をどう理解するかは浄土教において大きな問題となる。ここでは「有形／無形」という問題と、「西方」という方角の問題を取りあげよう。

　伝統仏教で「仏国土」と言えば、ブッダの住する国土しか存在しないが、大乗仏教では、現在他方仏の出現にともない、その仏が建立する浄土も空間的に多数存在することになる。よって、浄仏国土思想は必然的に具象化された有形的な浄土を想定する性格を有しており、このような思想を背景に誕生した極楽の観念は〝大乗としての浄土〟にほかならないと藤田は言う。

　では、なぜ極楽は西方に位置するのか。〈阿弥陀経《あみだきょう》〉の後半では、六方（東南西北下上）それぞれに数多くの仏が配置されるが、方位と仏との間に必然的な関係は今のところ認められない。それを承知で、阿弥陀仏と西方という方位との関係性を考えれば、やはり太陽の沈む方角（西方）と死後の世界との親和性が指摘できる。『観経』における西方極楽世界の観想は「太陽」

から始まるが、それは「日出」ではなく「日没」の情景を観ずることである。そして浄土三部経で示される極楽の観念は、時間的に言えば「他界」に類似して来世の世界として表象されているので、西方の日没を観ずることは、死後の観念と結びつきやすいと藤田は指摘する。

西方と死との結びつきは、仏伝の「四門出遊《しもんしゅつゆう》」も参考になる。ここでもブッダが西の門外で出会ったのは死者であり、西方と死との結びつきは一考に値する。だが、浄土は極楽以外にも無数に存在し、なおかつすべての浄土が死後に生まれ変わる他界であるなら、極楽のみならずすべての浄土が西方に位置しなければならなくなるので、極楽と西方との結びつきには、さらなる考察が必要だ。なお、極楽の起源に関して、エジプトやギリシアなど、インドから見て西方の存在が考えられたのも、その根拠はともかく、一定の意味を持つ。

他界としての極楽浄土

極楽浄土は生死輪廻の娑婆世界を超越した世界であるから〝彼岸〟に相当し、「涅槃／不死」と同義である。一般に「極楽」の反意語は「地獄」と考えられているが、「地獄」と対比されるのは「天界」であり、極楽は地獄や天界とは本質的に異なる概念である。極楽は大乗の菩薩道を完成して実現された世界であるから、仏の覚りの世界である「涅槃界」を表す。

極楽の原語「スカーヴァティー」の「スカ」は「安楽／幸福」を意味するので世俗的な印象を与えるが、初期経典以来、「世俗的な楽」のみならず「出世間的な楽」を表す場合もある。

スカーヴァティーは、本来は「出世間的・絶対的な涅槃の楽あるところ」の意だが、それが世間的・相対的な世俗の楽によせて、形ある世界として描写されることを巧みに言い表している。この意味で極楽浄土は単なる他界ではなく、生死輪廻を超えた彼岸の世界に他ならないと藤田は結論づける。

これを裏づける用例として、〈無量寿経〉では法蔵菩薩が建立する安楽国土を「比類がない涅槃界の安楽である（asadṛśa nirvāṇadhātusaukhyaṃ）」と表現するが、下線部分は「スカ（sukha）」と語源が同じであり、この場合の「安楽」が世間的楽ではなく、出世間的楽であることを表している。しかし、極楽浄土を涅槃とまったく同義に理解することはできない。なぜなら、極楽浄土への往生がそのまま〝成仏〟を意味しないからだ。極楽浄土はあくまで「最適な修行の場」なのである。そこから輪廻の世界に退転することはないので、その意味で生死輪廻を超越していることは間違いない。

〈阿弥陀経〉で極楽浄土の情景を描写する際、さまざまな鳥が鳴き、その鳴き声が法音となって流れ出ることを説く箇所があるが、その鳥たちは「業の報いで生まれ変わった衆生ではなく、仏に化作された存在である」ことが強調される。つまり、極楽浄土は悪業の報いを受ける場所ではなく、輪廻を超越した存在であることを強調する。ここでは極楽浄土を、「輪廻世界を超越してはいるが、涅槃そのものではなく、しかし限りなく涅槃に近い存在という性格を有する場所」と理解しておこう。

浄土教研究の新たな展開

ここまでは藤田の研究に基づきながら、阿弥陀仏や極楽の起源の問題を紹介してきたが、近年、辛嶋［2010］は従来とは違った観点、すなわち言語学的な観点から浄土教の原風景に迫ろうとしている。

仏典は本の原稿と同じように、初稿から何度も推敲を重ねて完成形の原稿となる。今、われわれが手にしている仏典も完成稿であるから、その最新バージョンの完成稿に見られる思想および語形を常識とし、その眼鏡を通して仏教の歴史や教理を理解することは間違っていると辛嶋は指摘する（これは本書の立場とも通底する。つまり、法然や親鸞の浄土教理解という眼鏡を通じて、インドや中国の浄土教を解釈することは、〝宗学〟では許されるが、〝歴史研究〟としては間違っている）。

辛嶋の言語学的研究を詳細に説明するのはあまりに煩瑣なため、ここでは簡略に結論のみを紹介するが、まずは言語に対する彼の基本スタンスを確認しておこう。辛嶋によれば、初期大乗経典はまず方言である中期インド語（Middle Indic, MI）で伝えられ、それが徐々に仏教サンスクリット（Buddhist Sanskrit）、あるいは標準語のサンスクリットに翻訳されていったが、数世紀にわたる不断の梵語化（方言から標準語への変換）により、本来の意味とは異なる語形成が生じたと考える。これに基づくと、阿弥陀仏の起源はどこに求められるであろうか。

辛嶋はAmitābha（無量光）が阿弥陀仏の本来の名前で、後にそれからAmitāyus（無量寿）という別名が生じたと考える。〈無量寿経〉の最古の漢訳『大阿弥陀経』には「無量光」に類する訳語はあるが、「無量寿」に類する訳語はないことなどが理由だ。では「無量寿」の起源はどこに求められるか。辛嶋は中期インド語が仏教梵語化される際の語形変化に注目する。つまりAmitābha > Amitābhu > MI. Amitāhu > Amitā'u > Amitāyu > Amitāyusという変遷を経て「無量寿（Amitāyus）」が生じたと見る。

では「極楽（Sukhāvatī）」はどうか。これも〈無量寿経〉の最古の漢訳『大阿弥陀経』の音写語は「須摩題」、『平等覚経』は「須摩提／須阿提」であることから、その言語をSuhāmatī (-madī) / Su'āmatī (-madī) / Suhāvatī (-vadī) / Su'āvatī (-vadī̆) 等であったと推定し（原意は不明）、その梵語化された形がSukhāvatīになったという。このような辛嶋の説が妥当かどうかは、今後、検証されなければならないが、従来とは違った新たな浄土教研究が胎動していることは確かであり、辛嶋の研究は注目に値すると言えよう。

二　実践に関する思想

往生思想の系譜

極楽浄土はこの世とは別次元の存在である他界として設定され、かつ時間的には〝死〟をもってこの世とは厳然と区別される場所であるから、極楽浄土は死後に生まれ変わる場所とされる。この生まれ変わりを「往生」と呼び、浄土教では極めて重要な意味を持つが、この往生思想は浄土教になって初めて説かれるようになったのではなく、その萌芽は伝統仏教の中に確認される。

藤田は浄土経典の「往生」の原語（正確に言えば、「往生」の「往」に対応する原語はない）を、ut√pad（起こる／生まれる）、upa√pad（達する／生まれる）、praty-ā√jan（再生する／生まれる）の三つに限定する。細かいニュアンスの違いはあるが、いずれも「生まれる」という意味を持ち、特段の区別なく使われる。また仏教は「胎生《たいしょう》（人・獣）」「卵生《らんしょう》（鳥・魚）」「湿《しっ》生《しょう》（虫）」「化生《けしょう》」という四種の生（四生）を説くが、極楽浄土に生まれるのは「化生」とされる。化生とは、他に依存することなく忽然として生まれることを意味する。

さてこの三つの原語と化生は、初期経典の生天思想と深い関連を持つ。つまり、輪廻の領域である天界に生まれるとき、この三つの原語が使われ、なおかつその誕生の仕方は化生であるとされる。とすれば、生天思想が発達して極楽浄土への往生思想が成立したと考えられそうだが、ことはそう簡単ではない。

極楽浄土は輪廻を超越した場所であり、極楽浄土への往生は覚りという仏果の獲得を意味するからだ。極楽への往生は輪廻の領域である天界に生まれるのとは本質的に異なる。そこで藤田は、出家修行者の修道体系の基本をなす四沙門果《ししゃもんか》の教説が生天思想と深い関連を持つことを指摘した舟橋一哉の説に注目する。四沙門果とは、伝統仏教の修道体系のことで、つぎの四つである。

(一)預流《よる》(須陀洹《しゅだおん》)果：悪趣《あくしゅ》に退堕することがなく、決定して正覚に向かう者
(二)一来《いちらい》(斯陀含《しだごん》)果：天界と人間界とをただ一度だけ往来して覚りに達する者
(三)不還《ふげん》(阿那含《あなごん》)果：色界天に化生し、そこで般涅槃し、そこから還らない者
(四)阿羅漢《あらかん》果：現世で解脱する者

預流果から始まり、最終的に阿羅漢果という覚りを目指すが、覚りの獲得は簡単ではない。この世で一来果に達しながら、臨終を迎えることもあるだろう。その場合、修行の成果は消えず、来世では天界や人間界に再生し、そこで再び一来果から修行を始めることになる。こうして、現世で阿羅漢果を獲得できなかった者は、次世や次々世で阿羅漢になることを祈念しつつ

生天するが、この四果のうち、藤田は第三果に注目する。というのも、第四果（阿羅漢果）が現世における解脱者を指すのに対し、第三果（不還果）の者はこの世では解脱できず、死後、天界に生まれた後にそれが実現されると説かれるので、極楽に往生した後に正覚を得るとする考え方に極めて近くなるからだ。

ともかく、在家者の生天が生天自体を目的としているのに対し、出家者の生天は解脱という目的を成就する手段として位置づけられるので両者は本質的に異なり、よって藤田は、極楽浄土への往生思想の源流は四沙門果説の中に求められると結論づける。

臨終正念の問題

浄土経典では、臨終の際の見仏や正念（正しい心の持ち方）が重視される。また、インド思想一般や伝統仏教でも、臨終の際の心の持ち方が重要視される。その理由は、それが来世の行き先の決定に影響力を持つと考えられていたからだ。ではここで、インド思想一般および伝統仏教における臨終正念《りんじゅうしょうねん》の問題を取りあげよう。まずインド思想からであるが、ブラーフマナやウパニシャッド文献には、臨終の心のあり方が死後の世界に影響力を持つという考え方がインド思想一般に認められる。

このような土壌に誕生した仏教も、同様の見解を示す。『ミリンダ王の問い』は「たとえ一〇〇年の間、不善を行っても、臨終に一たび仏を念ずることを得たならば、その人は諸天の中に生まれるだろう」(Mil. 80.18–19) と説き、『如是経』は「もしこの人が〔いま〕この時に死ぬであろうならば、あたかも連れて行かれたように、天界に置かれる。それはなぜか。比丘たちよ、その心が清浄であるからだ」(It. 14.1–3) と説く。とくに『ミリンダ王の問い』の用例は、臨終の一念がそれまでの不善をすべて帳消しにしてしまうほどの影響力を持っていることを示しており、刮目に値する。

古来より臨終への関心は高く、解脱した者は死に際してただ時を待つのみだが、解脱していない者は、在家者と出家者を問わず、死への恐怖は避けがたく、「悪くない死／迷乱されない死」が望まれた。このように、なるべく平安な死を迎えるために、出家・在家それぞれにふさわしい実践徳目が説かれていることを考えれば、当時のインドでは臨終に対する関心が強かったことが窺われる。そして、平穏な死を迎えたいという要請に応える形で、浄土経典では臨終来迎や臨終見仏が説かれるようになった。

念仏の祖型

以上、往生に関連する伝統仏教の先駆的用例を考察したが、その往生を可能にするのは「念仏」である。念仏にも仏の姿形を観想する観想念仏と、南無阿弥陀仏と声に出して唱える称名念仏とがあり、浄土宗や浄土真宗から仏教に接した者にとって、「念仏は称名念仏」と無意識的に考えてしまうが、読んで字の如く、「念仏」とは本来「仏を念じること」である。では伝統仏教で、念仏はどう説かれているのか。「念仏」の祖型として、三宝のそれぞれを随念することの功徳をブッダが弟子たちに語る『相応部』の用例があるが、その中の「仏随念」はつぎのとおり（平岡［2013］）。

「比丘たちよ、（中略）恐怖が起こったならば、戦慄が起こったならば、身の毛のよだつことがあったならば、その時は私を随念せよ。〈かの世尊は、阿羅漢・正等覚者《しょうとうがくしゃ》・明行足《みょうぎょうそく》・善逝《ぜんぜい》・世間解《せけんげ》・無上士《むじょうし》・調御丈夫《ちょうごじょうぶ》・天人師《てんにんし》・仏・世尊である〉と。比丘たちよ、お前たちが私を随念するならば、恐怖が起こっても、戦慄が起こっても、身の毛のよだつことがあっても、それは除かれるだろう」（SN i 219.27–35）

仏随念の具体的な内容は「如来の十号」であり、この十号を念の対象とする。そして仏を随念することで恐怖から解放される。つぎに「六随念《ろくずいねん》」という体系化された教えを見てみよう。これは「仏・法・僧・戒・捨・天」を随念の内容とするが、ここで問題にする仏随念はその第一番目に位置する。ここでは、その具体的な内容が説明されている『増支部』の用例を紹介しよう。仏随念に関するブッダの説明はつぎのとおり。

「マハーナーマよ、この世で聖なる声聞は如来を随念する。〈かの世尊は、阿羅漢・正等覚者・明行足・善逝・世間解・無上士・調御丈夫・天人師・仏・世尊である〉と。マハーナーマよ、聖なる声聞が如来を随念するとき、彼の心はまったく貪《とん》に所有されず、瞋《しん》に所有されず、痴《ち》に所有されず、彼の心は如来に依拠して質直となる」（AN iii 285.3–11）

「仏随念」とは如来の十号を憶念することだが、この念仏は在家的な生天の果報よりも出家的な果報（預流）がもたらされると説かれている点に藤田は注目し、浄土経典で説かれる念仏思想との深い関係を示唆する。この「念」の原語は smṛti/sati であり、〈倶舎論《くしゃろん》〉はこれを「対象を忘失しないこと」と定義するが、ここでは「憶念／想起」と理解しておく。さきほど紹介した「念」の用例は、接頭辞 anu- が付された anusmṛti/anusati だが、この接頭辞は反復性や持続性を意味するので、anusmṛti/anusati は「繰り返し憶念すること」「想起し続けること」を意味する場合が多い。

観想の念仏へ

しかし時代が下ると、念仏観に変化が現れる。最初期の「仏徳を随念する」という観念的な念仏から、「ブッダの姿形を思い浮かべる」という念仏、すなわち視覚的イメージを伴う〝観想の念仏〟にシフトしていく。ここでは初期経典からやや遅れて成立した説話文献の用例が中心となるが、用例はすべて説一切有部《せついっさいうぶ》系の説話文献『ディヴィヤ・アヴァダーナ（以下、ディヴィヤ）』（三七の説話が編纂された時期は九世紀以降だが、個々の説話の起源は紀元前後に遡るものもある）から。第一一章の最後では、ブッダがアーナンダにつぎのように教授する。

「アーナンダよ、ここでつぎのように学ばなければならない。すなわち『私は、最低、指を弾くほどの非常に短い一瞬一瞬といえども、如来を姿形という点から随念しよう』と。このようにアーナンダよ、お前たちは学ぶべきである」（Divy. 142.10–13）

注目すべきは「随念する（sam-anu√smṛ）」という動詞の前に置かれる「姿形という点から（ākārataḥ）」という副詞である。というのも、ここでは随念の対象である如来が〝視覚的イメージ〟を内容とすることを明言しているからだ。同じく『ディヴィヤ』第一五章にも同様の記述が見られる。ここでは、ある比丘がブッダの髪爪塔を礼拝していたときの様子をつぎのように描写する。

ちょうどそのとき、仏・世尊は〈閑処に〉引き籠もられた。そのとき、ある比丘が夕刻に、髪爪塔に向かって全身を投げ出し、如来を姿形という点から随念しながら、心を浄らかにした。〈かの世尊は、如来・阿羅漢・正等覚者・明行足・善逝・世間解・無上士・調御丈夫・天人師・仏・世尊である〉と（Divy. 196.22–197.1）。

ここでは「如来の十号」が列挙されているから、初期仏教以来の仏随念の流れを引き継いではいるが、すでに述べたように、「姿形という点から（ākārataḥ）」という副詞が挿入されているから、その念の対象はブッダの視覚的な姿形を内容とする念仏であることがわかる。ここに、観想念仏の萌芽を確認することができよう。

念と称との問題

では称名念仏はどうか。中国の善導は『無量寿経』の十念を十声と解釈し、その流れを受けた法然は「念声是一」を唱えたが、残念ながら称名念仏の起源をインドに求めることはできない。しかし、〝念〟と〝称〟が結びつく可能性はインドにあったと藤田は指摘する。それを裏づける用例を確認してみよう。まずは『相応部』の記述から。

チャンディマー王子はアスラ王ラーフに捕らえられた。そこでチャンディマー王子は世尊を随念しつつ、この偈を称えた。「勇者たるブッダよ、貴殿に帰依（南無）せん。貴殿はあらゆる点で解脱す。我は艱難に陥れり。我がために、帰依の拠処とならんことを」と（SN i 50.17–21）

ここでは「仏随念という意業」と「南無仏という口業」は同時に行われ、両者の相即性が認められる。また『譬喩経』には、「商人たちは、私（＝怪魚ティミンギラ）を見て恐怖し、最勝の仏を随念した。『ゴータマよ！』と彼らが大声を上げるのを聞いて（後略）」（Ap. 430.19–20）とあり、念仏の内容が称名として示される。大乗経典で同様の用例はいくつか確認できるが、ここでは伝統仏教の資料に限定しているので省略する。〝念〟と〝称〟の直接的な結びつきは伝統仏教の資料中には見出せないが、両者の同時的な相即性は確認できると藤田は考える。

称名の源流

では称名思想、およびその祖型が大乗仏教以前にまったくなかったのかと言えば、そうではない。すでにみたように、それが「念仏」と関連して説かれることはなかったが、「仏の名を称える」という行為は確かに存在する。

仏教徒になるには「三帰依の表明」が必要だが、これは「仏に帰依します／法に帰依します／僧に帰依します」と声に出して称えるので、この最初の「帰依仏」が称名思想の源流となる。ただし、その称名は「何らかの果報をもたらす」とは明記されていない。

では、称名が何かの果報と直接結びつくような用例がないかというと、実はある。ただし初期経典ではなく、これもまた『ディヴィヤ』に見られる用例である。『ディヴィヤ』第一八章の主人公ダルマルチは、過去の悪業により怪魚ティミンギラに再生し、船に乗って大海を渡る商人たちを飲み込もうとしていた。そのとき、商人たちはバラモン教の神々に祈願したが、効果はなかった。

さて、その船に乗り合わせていた仏教在家信者が、「皆、我々はこの死の恐怖からまったく逃れられそうにない。我々は全員死ぬに違いない。しかし全員で声を合わせて『仏に帰命す（南無仏）』と叫ぼうではないか。どうせ死ぬなら、仏を念の対象として死のう（namo buddhāyeti vadāmaḥ/ satī maraṇe buddhāvalambanayā smṛtyā kālaṃ kariṣyāmaḥ: Divy. 232.5–8）。善趣《ぜんしゅ》に行けるかもしれぬ」と提案した（ここでも、称名と念仏の結合が見られる！）。

そこで彼らが声を合わせて「仏に帰命いたします（南無仏）」と言うと、ジェータ林にいたブッダは天耳通でその声を聞き、その声をティミンギラに聞こえるように加持した。「仏に帰命いたします（南無仏）」という声が聞こえると、ティミンギラは〈おお、仏が世に出現されたのか！「仏・世尊に帰命いたします」という叫び声を聞いておきながら、私は〔彼らを〕食物として食べてはいけない〉と考え、商人たちを呑み込むのを止めた。ティミンギラはさらに考えた。〈もしも私が今、突然口を閉じたら、船は水の勢いで押し戻されて難破するし、彼らの多くは命を落としてしまう。いざ私はゆっくりとした動作で、じわじわと口を閉じよう〉と。こうしてティミンギラはゆっくりと口を閉じたので、彼らは助かった。

ここではバラモン教の神々に祈りを捧げても効果はなかったが、「南無仏」という称名は海上での災難を回避する行為として描かれている。この後、無事に帰国した商人たちは命の恩人ブッダのもとを訪れ、礼を申し述べる件があるが、そこには「死に直面したとき、一心に世尊を念じ、御名を称えましたところ（bhagavataḥ smaraṇaparāyaṇānāṃ nāmagrahaṇam: Divy. 233.2）、船はその大きな怪魚の口から逃れられました」という表現が見られる。さきほどと同様、ここにも念と称の密接な結びつきが確認できる。ここではそれに加え、称名の直接的な果報が説かれている点にも注目しておきたいが、念仏が称名で置き換わっているわけではないことも同時にここで強調しておく。

聞名の功徳

さて念仏のほかに、浄土経典では「聞名《もんみょう》」が往生の間接的な条件として説かれることがある。とくに親鸞浄土教では「聞く」という行為が重要になる。では、その源流を伝統仏教の資料に探ってみよう。これも初期経典中には見られないので、『ディヴィヤ』の用例を紹介する。用例は同じく第一八章から。このティミンギラ（ダルマルチの前生）が船を呑み込むのを躊躇したのにはわけがあった。それを知る手がかりは、彼の過去世物語にある。ここには彼の三つの過去物語が説かれているが、そのうちの一つは彼の重大な悪業を扱った興味深い話となっている。

彼は過去世で母親と通じ、母と共謀して父を殺し阿羅漢も殺すと、挙げ句の果てに自分の母も殺すという暴挙に出る。こうして数々の悪業を犯した彼は、何を思ったか、出家しようと精舎に出かけるも、ことごとく断られてしまう。自暴自棄になった彼は怒って精舎に火を放ち、さらに多くの比丘を焼死させたが、そこに三蔵に通じた比丘（ブッダ）がいた。彼はダルマルチを三宝に帰依させ、「もしも何時か「ブッダ」という言葉を聞いたならば、お前は記憶を取り戻すように！」と告げた。

この出来事が機縁となり、怪魚ティミンギラになったダルマルチは商人たちの「ブッダ」という声を聞いて、さらなる殺生を踏みとどまった。今生において人間に生まれ変わったダルマルチはブッダのもとで出家し、阿羅漢になる。過去世でこのような縁を結んでいたとはいえ、聞名によって彼に忍耐の心が湧き起こり、殺生を踏みとどまったのは、聞名の果報と言えよう。

つづいて、過去世での機縁がなくても、聞名が世間的果報（結果的に出世間的果報）にまで結びつく用例を紹介する。『ディヴィヤ』などの説話文献には、「ブッダ」という音（あるいは「声」）を聞いて鳥肌を立て、それが機縁となって仏縁を結ぶという説話が散見し、その中には出家して阿羅漢になるという出世間的果報に結びつくケースもある（平岡［2002: 359–368］）。『ディヴィヤ』第二章の用例から。

主人公のプールナが商人たちと一緒に大海を渡るのだが、その船上で商人たちは経文を称え始める。それを聞いたプールナは「諸君、素晴らしい歌を歌っているね」と言うと、彼らは「これは歌ではなくて実にブッダのお言葉なのです」と答えた。彼はかつて聞いたことのなかった「ブッダ」という音を聞いて鳥肌を立て、「そのブッダとは誰か」と訊ねると、彼らはブッダについて説明し、後に航海から帰ると、プールナはブッダのもとで出家し、最終的に阿羅漢になっている。

他にも同様の用例はあるが、ここでは「ブッダ」が鳥肌を喚起する「音」として機能している点が特徴的である。ともかくブッダという「名」を聞いて、仏縁を結んでいるという点で、これを聞名の果報を説いた説話と理解できる。

以上、阿弥陀仏に始まり聞名に至るまで、浄土教を理解する上でキーワードとなる言葉を取りあげながら、その先駆となる思想を、初期経典をはじめとする伝統仏教の資料に探ってみた。無論、インド思想一般やインド以外の思想・宗教・文化の影響は認められなければならず、それを排除してはならないが、本流である伝統仏教の中にも、充分にその先駆となる思想が存在することを無視してはならない。

浄土教の祖型――他力と凡夫

最後に、浄土教に顕著な「他力」と「凡夫《ぼんぶ》」の源流について私見を述べる。まずは他力から。「自力／他力」という仏教の分類は曇鸞を濫觴とし、その分類を用いるなら、ブッダの時代の仏教は自力ということになる。しかし、初期の段階でブッダおよび仏弟子たちに「自力」という意識はなかった。ただ、出家して覚りを開くことを目的に修行に打ち込んだだけだ。よって、浄土教的な他力の教えが誕生し、それを鑑としてはじめて初期の仏教は「自力で修行する」と意識されることになる。

では、自力修行型の仏教の典型として、ブッダの覚りを考えてみよう。浄土教的視点から見れば、ブッダは自力で修行し覚りを開いたが、ブッダが覚りを開いたときの定型表現を見ると、必ずしもそうではないことがわかる。たとえば、パーリ聖典の『自説経』や『律蔵』はともにブッダの成道（初夜～中夜～後夜）を描写し、比較すれば相違点も確認できるが、共通して説かれているつぎの詩頌がある（玉城［1995］）。

> （初夜）努力して入定せるバラモン（＝ブッダ）に諸法が顕現するとき、彼の一切の疑惑は消滅す。因〔果〕を伴う理法を知ったのであるから（Ud. 1.20–22, Vin. i 2.3–6）。（中夜）努力して入定せるバラモンに諸法が顕現するとき、彼の一切の疑惑は消滅す。諸縁の消滅を知ったのであるから（Ud. 2.18–20, Vin. i 2.13–16）。（後夜）努力して入定《にゅうじょう》せるバラモンに諸法が顕現するとき、彼は悪魔の軍勢を粉砕す。太陽が天空を照らすが如く（Ud. 3.3–6, Vin. i 2.23–26）。

ここでは、圏点部分の表現に注目する。この文の主語は「諸法」であり、ブッダはその諸法が現れる〝器〟として描かれる。換言すれば、能動的な諸法に対し、ブッダは受動の立場に置かれている。ブッダが自力を尽くしたのは確かだが、最後の最後は「ブッダが諸法を覚る」ではなく、「諸法がブッダに顕現する」とされ、法の側の働きかけが強調される。ブッダが自力で努力したからこそ諸法が顕現したのは確かだが、最後に諸法の側が姿を現さないと、覚りは実現しない。

仏と法との関係は、法が主、仏が従という関係になる。『相応部』には、成道直後のブッダが誰にもたよらず誰をも敬わずに生きていくことに虚しさを感じ、「いざ私は、私が覚った法、この法こそを敬い、重んじ、近づいて時を過ごそう」(SN i 139.25–27) とつぶやく場面がある。「諸法がブッダに顕現する」という表現も、これに沿って理解できる。覚りとは「煩悩に支配されている自我が破壊される体験」なので、これを事実に即して正確に表現するなら、どうしても「受け身」にならざるをえない。なぜなら、「私」を主語にすると、そこに自我意識の残滓が顔を出すからだ。

優れた芸術も自我意識を離れてはじめて成立する。熟達したピアニストや芸術家に、「私が曲を演奏している」や「私が作品を創作している」という意識はない。河合[1986: 150–151]は棟方志功の仕事について、柳宗悦の「棟方の仕事は『作る』という性質より『生まれる』という性質の方が濃い」という評価を紹介する。つまり、「棟方が作品を作る」のではなく、「作品が棟方を通して生まれてくる」。だから、棟方は「私は自分の仕事には責任を持っていません」と言うが、これは「諸法がブッダに顕現する」と通じる。「受け身」と「他力」とは必ずしも同じ概念ではないが、伝統仏教初期の段階ですでに他力的要素は胚胎していたと考えても、あながち間違ってはいないだろう。その意味で、西田［1989: 342］の「元来、自力的宗教というものがあるべきではない」は、けだし名言であろう。

つぎに凡夫について。「凡夫」は「聖者」の対概念であり、伝統仏教以降の修道体系の中で、見道《けんどう》に入る前の者を「凡夫」、見道に入った者を「聖者」と呼んで区別したので、本来は浄土教に特有な用語ではなかった。しかし、中国の浄土教では「凡夫」が特別な意味を持ちはじめ、特に道綽以降は、末法思想の影響もあり、「解脱とは無縁の存在／機根《きこん》の劣った衆生」という特別な意味を帯びる。では、このような人間観は、道綽以降の中国浄土教においてはじめて誕生したのであろうか。

仏教は六道輪廻を説く。そのうち「天」と「人」は上位に位置するが、輪廻の中の存在であるかぎり、「煩悩という罪悪」を本質的に有する存在である。つまり六道（五道）のどこにいても、衆生は罪悪を本質とする存在なのである。また今は人間界に存在していても、悪業により地獄・餓鬼・畜生の三悪趣に堕ちる可能性もある。その悪を自力で乗り超えられるかどうかの違いはあるとしても、仏教の誕生以来、衆生は輪廻内の存在であるかぎり悪を前提とするのであり、道綽以降の「人間観」は伝統仏教の最初期の段階に胚胎していたと考えることもできよう。そう考えれば、「他力」や「凡夫」といった浄土教特有の考え方も、その濫觴は伝統仏教の最初期にトレース可能と考えられるのである。

第二章　インドの浄土教

一　浄土三部経と般舟三昧経

大乗経典の誕生

大乗経典の誕生については平岡［2015］にまとめたので、ここではその要点のみを紹介する。大乗仏教の中心は成仏思想だが、成仏するにはブッダにならい、菩薩になる必要があった。こうして菩薩思想が大乗経典の中心テーマとなる。そして、伝統仏教と差異化するために、三乗思想で自らの立場である菩薩を声聞《しょうもん》・独覚《どっかく》（＝縁覚《えんがく》）の上位に位置づけた。

また菩薩になるには、これもブッダにならい、仏に会って記別を授かる必要がある。伝統仏教の伝承では、ブッダは過去世で燃灯仏と出会い、彼のもとで誓願を立て、菩薩としてその誓願を実現するために修行を重ね、その結果、仏となったのであるから、大乗教徒も成仏を目指すなら、まずは仏に出会い、誓願を立てて菩薩になる必要がある。となると、無仏の世では具合が悪い。そこで、消滅する色身に代わって不滅の法身を誕生させ、これをもとに二身説や三身説が展開した。

またこの発展系として、現在多仏思想も誕生する。伝統仏教には「一世界一仏論」という原則があり、一つの世界には一人の仏しか存在しえないと考えられていたが、これでは現在は無仏の世となり、成仏の可能性が断たれる。そこで当時の大乗教徒たちは、その原則を変更せず、世界観を変えることで、この問題を乗り超えようとした。つまり、われわれが住むこの娑婆世界は一つではなく、これと同じような世界は宇宙に無数にあると考えれば、「一世界一仏論」に抵触せず、複数の仏の存在を同時に認めることができた。こうして、大乗経典には多くの仏が綺羅星の如く誕生することになるが、本書で取りあげる阿弥陀仏はその典型例と言える。

現在多仏思想をはじめ、こうした新たな思想に正統性と権威を持たせるためには仏説である経典で説かれる必要があるが、幸いなことに伝統仏教の時代から、仏説の「仏」は「ブッダ」に限定されていたわけではなく、法性（道理）に叶えば仏説であるという見解（本庄［1989］）も大乗経典の誕生に大きく寄与した。

ではつぎに、そうして誕生した大乗経典のうち、古来より「浄土三部経」として一括りにされる三つの大乗経典の内容を概観する。浄土に言及する大乗経典は少なくないが、浄土三部経はとくに阿弥陀仏およびその極楽浄土のことを詳細に説く。また浄土三部経以外にも、インドの浄土教を考える上で重要な経典〈般舟三昧経〉についても最後に解説を加える。

〈無量寿経〉

資料

浄土三部経のうち、分量がもっとも多く、中国や日本の浄土教で念仏往生の根拠となる〈無量寿経〉から解説しよう。本経はインド原典に加え、蔵訳、そして五種類の漢訳も現存する。中国の経録によれば、全部で一二回漢訳されたが、現存するのは五種類なので、古来よりこれを「五存七欠」と呼びならわす。現存する資料は、つぎのとおり（漢訳は漢訳年代の古い順で、漢訳年代は香川［1984: 7–33］を参照）。

（一）原典：Sukhāvatī-vyūha（極楽の荘厳）
（二）蔵訳：'Phags pa 'od dpag med kyi bkod pa shes bya ba theg pa chen po'i mdo（聖なる無量光〔仏〕の荘厳と名づける大乗経）
（三）漢訳：①『阿弥陀三耶三仏薩楼仏檀過度人道経《あみださんやさんぶつさつるぶつだんかどにんどうきょう》（＝大阿弥陀経）』（支謙《しけん》訳・一七八～一八九）

②『無量清浄平等覚経《むりょうしょうじょうびょうどうかくきょう》』（支婁迦讖《しるかせん》訳・三〇八）
③『無量寿経』（康僧鎧《こうそうがい》訳・四二一）
④『大宝積経《だいほうしゃくきょう》・無量寿如来会《むりょうじゅにょらいえ》』（菩提流志《ぼだいるし》訳・七〇六～七一三）
⑤『大乗無量寿荘厳経《だいじょうむりょうじゅしょうごんぎょう》』（法賢《ほうけん》訳・九九一）

この後に取りあげる〈阿弥陀経〉も原典名は同じだが、蔵訳や漢訳と比較した場合、経名に大きなギャップがあることは否めない。そこで再び、辛嶋［2010］に注目してみよう。他の版では①の経名を「阿弥陀経」（この後とりあげる『阿弥陀経』と区別するため、唐代以降「大」を付加して区別」）とするので、辛嶋は Amitāha-/Amidāha-vyūha（< Amitābhavyūha）という原典名を推定する。

②の経名の「平等覚」は『大阿弥陀経』の「三耶三仏（Samyaksaṃbuddha）」に基づいて付加され、本来はなかったと辛嶋は考えるので、（Samyaksaṃbuddhasya）Amitāhasya vyūha というような原語を推定する。③の漢訳名からは、Amitāyur-vyūha が推定されるが、辛嶋は本来の語形である Amitābha-vyūha を採る。④の漢訳名も「無量寿」だが、ここも「無量光」を優先し、辛嶋は Amitābhasya tathāgatasya vyūha-parivarta、⑤も同様に Amitābhasya vyūha-mahāyānasūtra を想定する。これらはいずれも蔵訳と一致する。

内容

ここではインド原典に基づき、その内容を概観する。経が説かれる場所は王舎城《おうしゃじょう》の霊鷲山《りょうじゅせん》、対告者はアーナンダ。経典の冒頭部では、その会座に参加した仏弟子が列挙されるが、そこには伝統的な仏弟子名が並び、他の大乗経典のように多くの菩薩名を列挙せず、「マイトレーヤなどの多くの菩薩たちも一緒であった」と説くのみである。その後、アーナンダの質問に答える形で、ブッダは法蔵菩薩の過去物語を説き始める。

燃灯仏を先頭に八〇の過去仏の相続に続き、八一番目に世自在王仏が世に出現したはるか昔々、法蔵という修行者がいた。彼は世自在王仏を讃えた後、成仏の決意を表明し、自分が速やかに覚れる法と、自分が将来、構える仏国土の荘厳の参考にするため、他の仏たちの国土の様子とを教えてほしいと世自在王仏に懇願すると、世自在王仏はそれに応えた。それを聞いた法蔵は、五劫という長い間、自分の実現したい浄土について思惟した後、その具体的な内容を四八（梵本は四七）の誓願にして世自在王仏に伝えた。そして説き終わると、法蔵はその誓願を実現するため、長時に亘る修行に精励したが、その様子が詳細に描写される。

そしてついに法蔵は覚りを開き、阿弥陀仏となったので、彼の誓願はすべて成就し、法蔵菩薩の誓願は阿弥陀仏の本願（過去の誓願）になった。その後、誓願成就によって実現された極楽浄土の素晴らしい景観、およびそこに往生した菩薩たちの素晴らしい特性が言葉を尽くして詳説される。そして、ブッダがそれを語り終わると、アーナンダはブッダに「極楽浄土の阿弥陀仏と、そこにいる菩薩を見たい」と懇願する。

そこでブッダは自身の掌から光明を放つと、阿弥陀仏と菩薩の集団とが見え、逆に極楽浄土にいる菩薩たちは娑婆世界で比丘の集団に取り囲まれながら法を説いているブッダを見た。つまり娑婆世界のブッダの光明と極楽世界の阿弥陀仏の光明が、双方の世界をそれぞれ照らし出しているという、何ともまばゆい光景である（三九章）。

その後、一転して対告者がアーナンダからマイトレーヤに変わるので、何らかのテキスト編纂上の問題が考えられる。ここからブッダとアジタ（＝マイトレーヤ）の会話で話が進行するが、そこで重要なのは、極楽往生に疑念を抱きつつ善根を積んだ者は、極楽に往生しても蓮華の内奥に五〇〇年閉じこめられ、仏を見ることや正法を聞くことなどができないとブッダが説くことだ。往生の際、疑念がなければ化生して蓮華の中に結跏趺坐《けっかふざ》して現れるので、疑念を持つことには大きな不利益があるとされる。

その後、ブッダはさまざまな仏国土から大勢の菩薩たちが極楽に往生することを説くと、最後にブッダはこの法門をアジタたちに委嘱し、自分のなすべきことをなし終わったと告げ、最後に詩頌をもってこの法門を閉じる。最後は経典の語り手がこの法門が説かれた後の状況、すなわち聞法者たちが清浄な法眼を獲得し、無生法忍《むしょうぼうにん》を得、極楽に往生するための善根を植えたことが説かれ、この三千大千世界が震動すると、歓喜の声が有頂天まで響き渡った。

阿弥陀仏

〈無量寿経〉で阿弥陀仏はどう説かれているのか。主な特徴を抜き出してみよう。彼の菩薩時代の名前は「法蔵」であり、世自在王仏のもとで出家し、成仏の決意をして、五劫の間、自らが建立すべき浄土について思いを巡らし（五劫思惟）、その後、四八の誓願を立て、その誓願の実現に向けて長時の修行の結果、阿弥陀仏となった。彼は「アミターユス（無量寿）」と「アミターバ（無量光）」のいずれかで呼ばれ、漢訳ではその両訳語を含みうる音写語である「阿弥陀仏」が包括的な名称と見なされている。

まず注目すべきは、彼が過去の仏ではなく、現在も存在する仏であるという点である。過去仏であれば、現在の我々の救い主とはならないからだ。当時の大乗教徒たちは自分たちの住む世が「無仏の世」であることを憂い、新たな救い主を求めた（平岡［2015: 74–101］）。そして仏身観の変遷や世界観の再解釈も手伝って、数多くの現在仏が誕生する。

アーナンダがブッダに「法蔵菩薩は覚りを開いて般涅槃したのでしょうか、あるいは現在、覚りを開いて法を説いておられるのでしょうか」（L-Sukh. 26.8–11）と質問すると、ブッダは「かの如来は無上正覚菩提を覚り、ここより西方にある極楽世界で、現在、法を説いている（現在西方）」（L-Sukh. 26.13–15）と答える（一一章）。このアーナンダとブッダのやり取りは、阿弥陀仏が〝現在仏〟であることを強調し、またそれを再確認する意図があるように思われる。

また一四章では、阿弥陀仏が成仏してから今までに十劫が過ぎたと説くので（凡歴十劫）、それ以来、彼は現在まで存在し続け、また「無量寿仏」なので、これから未来に向かっても存在し続けることになる。

阿弥陀仏の寿命は、ブッダがアーナンダに「かのアミターバ如来の寿命の量は無量であり、(中略)その量を知ることは容易ではない。こういうわけで、アーナンダよ、かの世尊の寿命の量はまさしく無量であり、無際限である。だから、かの如来は『アミターユス(無量寿)』と呼ばれるのだ」(L-Sukh. 29.15–22)と説明する(一四章)。

極楽浄土

その阿弥陀仏が成就した仏国土は極楽と呼ばれるが、〈阿弥陀経〉に劣らず、〈無量寿経〉も極楽浄土の景観を詳細に描写する。ここではポイントを絞って紹介するが、その際、場所としての極楽(器世間)と、そこに往生した者たちの属性(衆生世間)に分けて整理する。まずは、器世間としての極楽浄土から。

極楽が存在する方位が娑婆世界から見て西方であることに異論はないが、その距離は資料によって異なり、一定ではない。しかしいずれにせよ、これは実際の距離を示すのではなく、無限の彼方を象徴する表現と理解すべきであろう(藤田[2007: 357])。では、西方の彼方に存在するとされる極楽の具体的な景観は、どのようなものか。藤田[2007: 356–357]はその内容を二一項目に簡潔にまとめている。

①安楽（極楽）は西方、ここを去ること十万億刹（国土）である
②地獄・餓鬼・畜生等が存在しない
③国土は自然の七宝より成り、広く大きく、第六天（他化自在天《たけじざいてん》）の宝の如くである
④須弥山などの山はなく、大小の海もない
⑤四季がなく、寒くもなく熱くもない
⑥七宝の樹木で飾られている
⑦宝樹が風に吹かれて快い音を出す
⑧一本の巨大な菩提樹がある
⑨菩提樹が風に吹かれてすぐれた教えの音を出す
⑩十方世界でもっともすぐれた音楽がある
⑪七宝でできた講堂・精舎・宮殿・楼閣がある
⑫水浴の池があり、八功徳水《はっくどくすい》（八つの特性のある水）が充満している
⑬水の深浅は欲するままである
⑭水の冷暖も欲するままである
⑮水波は種々な教えを説く声となる
⑯一切の享受物がそなわり第六天の如くである

⑰七宝の鉢器の百味の飲食が自然にある
⑱飲食があっても、実際に食物を摂る必要がない
⑲衣服・飲食・華香・瓔珞等は欲するままに現れる
⑳風が吹くと、地面は美しい花で敷きつめられ、柔軟になる
㉑あまねく宝の蓮華から光が放たれ、多くの仏が現れて教えを説く

つぎに、そこに往生した衆生たちの特性を「覚り」と関連する項目にかぎって整理する。まず注目すべきは、「往生者が三十二相を具えている」と四十八願中の第二十願と三五章で説かれていることである。三十二相とは転輪王《てんりんおう》と仏のみが有する身体的特徴なので、往生者は仏ということになり、「往生＝成仏」を意味することになる。しかし、極楽浄土は阿弥陀仏の覚りの世界（果報）として存在しているが、往生者にとっての極楽浄土は覚りの世界ではなく、阿弥陀仏によって周到に準備された「修行の場」と考えなければならない。その証左を経典中に探ってみよう。

四十八願中の第十一願に、往生者が「正定聚《しょうじょうじゅ》」であると説かれる（三五章も「正定聚」に言及）。正定聚とは「覚りを得ることが確定している者」なので、まだ往生した段階では覚りを開いていない状態にある。また第二十一願には、往生者が「一生補処《いっしょうふしょ》（一生所繫）」であるとも説かれる（三三章も「一生補処」に言及）。これは一生を過ぎれば、つぎの生において必ず覚

りを得ることを意味する。

さらに第四十六願には、往生者が「不退転」であるとも記される。つまり、往生者は無上正等菩提より退転しない者となる（二九章にも「不退転」に言及）。以上の用例から、極楽浄土に往生することは即成仏を意味するのではなく、恵まれた環境で修行を実践し、必ず覚りを開くことが約束された者となることを意味する。このように、覚りの一歩手前の状態を指す言葉として「正定聚」「一生補処」「不退転」などの表現があり、これらは浄土教家の論書にも頻出する。仏教史の中でこれらが修行の階位のどこに位置づけられるかは経論において異同が見られ、興味深い問題だが、詳細は小谷［2015: 64–108］にゆずり、ここではすべてを「覚り直前の状態」、あるいは「覚りが確定した状態」と理解しておく。

往生の方法

では、そのような極楽にどうしたら往生できるのか。法然浄土教以降、往生の方法は「（称名）念仏」ということになっているが、はたしてインド原典はこれをいかに説いているのか。四十八願中の第十八願（漢訳：第十七願）には「無上正等菩提の心を起こし、私の名前を聞いて、清浄な心で私を随念すること（anu√smṛ）」とあり、菩提心・聞名・清浄心・随念が往生の条件となっている。

つづく第十九願（漢訳：第十八願）は中国や日本の浄土教で念仏往生の根拠となる重要な誓

願だが、インド原典は「私の名前を聞いて極楽に心をかけ、諸々の善根を極楽往生にさしむけ、十回心を起こすこと（cittotpāda）」とする。この「十回心を起こすこと」は「極楽浄土に往生したいという心を十回起こすこと」だが、『無量寿経』ではこれを「乃至十念」とし、この語の解釈に基づいて、中国や日本では「念仏往生」説が誕生する。またこの願文には例外規定があり、「無間罪と正法を誹謗した者」は阿弥陀仏の救済から外れるとされる点にも注目しておく。

つぎに、極楽への往生について詳説する三輩段（二七章〜二九章）を見てみよう。ここでは往生者を「上輩／中輩／下輩」の三種に分け、それぞれの機根に応じた往生法を説く。上輩者は「阿弥陀仏を姿形という点から（ākārataḥ）何度も思念し、多くの無量の善根を植え、覚りに心をさし向け、極楽に往生したいと誓願すること」が往生の条件となる。そうすれば、上輩者の臨終に際し、阿弥陀仏は多くの取り巻きを連れて彼の前に立ち、それを見た上輩者は心を清浄にして極楽に往生するという。

中輩者は「阿弥陀仏を多くは思念せず、多くの無量の善根を頻繁に植えることはないけれども、極楽浄土に心をかけること」が往生の条件となる。そうすれば、中輩者の臨終に際し、阿弥陀仏とそっくりの化仏が多くの取り巻きを連れて彼の前に立ち、それを見た中輩者は心が清浄になることに基づく三昧により、失念せずに極楽に往生する。

下輩者は、「十回心を起こして阿弥陀仏を随念し、極楽浄土に〔往生したいという〕願望を起こし、さまざまな深遠なる法が説かれるときに、満足して、ひるむことなく、絶望も落胆もせず、たとえ一回でも心を起こして阿弥陀仏を思念し、極楽浄土に〔往生したいと〕願望を起こすこと」が条件となる。そうすれば、下輩者は夢中に阿弥陀仏を見て極楽浄土に生まれ、不退転となることが説かれる。

以上から、機根に差はあっても下輩者の往生法が最低限の保証となっており、「たとえ一回でも心を起こして阿弥陀仏を思念すること」で極楽往生は実現する。ただし、往生の方法は種々説かれており、一つに限定されてはいない。またその方法として「(一回乃至十回) 心を起こすこと」は説かれているが、それは「念仏 (buddhānusmṛti)」ではないし、ましてや「南無阿弥陀仏」と口に称える「称名念仏」でもない。

最後に、「聞名」について触れておく。〈無量寿経〉には随処で聞名、および聞名の功徳が説かれる。すでに指摘した用例以外でも、第三十四願では「私の名前を聞いた者たちは、その善根によって陀羅尼を得た者となる」、第三十五願では「女性は私の名前を聞いて浄信を生じ、菩提心をおこして女体を厭い、男性として極楽に往生する」と説かれる。また第四十願以降には聞名が頻出し、その功徳として「諸感官の欠陥に陥らない」(第四十願)、「三昧を得る」(第四十一願、第四十四願)、「高貴な家に生まれる」(第四十二願)、「三法忍を得る」(第四十七願)などと説かれる。

〈阿弥陀経〉

つづいて、〈阿弥陀経〉の資料を整理する（藤田［2007: 107–161］）。

資料

（一）原典：Sukhāvatī-vyūha（極楽の荘厳）

（二）蔵訳：'Phags pa bde ba can gyi bkod pa shes bya ba theg pa chen po'i mdo（聖なる極楽の荘厳と名づくる大乗経）

（三）漢訳：①『阿弥陀経』（鳩摩羅什《くまらじゅう》訳）
②『称讃浄土仏摂受経《しょうさんじょうどぶつしょうじゅきょう》』（玄奘《げんじょう》訳）

〈無量寿経〉と〈阿弥陀経〉はともにインド原典が存在し、その成立地をインドとみることに異論はない。しかし両経を比較すると、その内容には大きな相違点もいくつか確認される。〈阿弥陀経〉は〈無量寿経〉のように法蔵菩薩説話や本願説には言及しない。つぎに阿弥陀仏の名前だが、〈阿弥陀経〉が「アミターユス（無量寿）」、〈無量寿経〉は「アミターバ（無量光）」を主に用いる。そして第三に、〈阿弥陀経〉の後半には六方の諸仏が阿弥陀仏を称揚する

「証誠勧信《しょうじょうかんじん》」の段があるが、〈無量寿経〉のそれとはかなり趣を異にしている。以上の事実から、両経は同じく阿弥陀仏や極楽を説きながら、その編纂の事情はずいぶん異なると考えられる。

では、どちらが先に成立したのか。漢訳資料は、〈阿弥陀経〉の初訳（鳩摩羅什訳）が五世紀初頭であるのに対し、〈無量寿経〉の最古の訳は三世紀前半なので、〈無量寿経〉の成立が先と考えられそうだが、経典の構成は、〈阿弥陀経〉の方が簡素で古形を示していると考えられ、現時点でその成立の新旧を確定することは困難である。よって、両経はほぼ同じ頃、異なった視点から編纂されたと藤田は考える。

なお、辛嶋［2010］は〈阿弥陀経〉の本来の原典名については論じていない。鳩摩羅什訳の漢訳名からすれば、〈無量寿経〉の最古訳『大阿弥陀経』と同様の Amitābha-/Amidāha-vyūha（< Amitābhavyūha）も想定しうるが、蔵訳からは、現在の原典名どおり、Sukhāvatī-vyūha ということになる。

内容

〈阿弥陀経〉の内容は前半と後半で大きく異なる。前半は極楽の描写が中心であり、後半は六方の諸仏が阿弥陀仏を称揚する「証誠勧信」が中心となるが、インド原典に基づいて内容を紹介する。

経が説かれる場所は舎衛城《しゃえじょう》の給孤独園《ぎっこどくおん》、対告者はシャーリプトラだが、〈無量寿経〉と違い、〈阿弥陀経〉はブッダが一方的にシャーリプトラに語りかける無問自説の形式を取るので、シャーリプトラの出番はない。まずブッダは誰の問いに答えるでもなく、自ら「シャーリプトラよ、この仏国土より西方に、十万・千万の仏国土を超えたところに極楽という世界がある」と話を始める。そして次々に極楽浄土の見事な景観がブッダの口から紡ぎ出されるが、これが経の前半部分である。

後半では、六方（四方＋下上）に存在する仏国土の諸仏の名前が列挙され、「この「不可思議な功徳の荘厳、一切諸仏の摂受」と呼ばれる法門を信受せよ」と明言する。これは六方の諸仏が阿弥陀仏およびその極楽浄土を賞讃していることを示しており、それを主題とする経典として当然の記述と言えるが、経典の終わりが近づくにつれ、微妙にその主題に変化が生じる。六方諸仏の讃歎が終わると、第一七章において、この法門が「一切諸仏の摂受」と呼ばれる理由をブッダ自身がこう解説する。

「いかなる善男子・善女人であっても、この法門を聞き、またこれら諸仏・諸世尊の名前を憶持するなら（nāmadheyaṃ dhārayiṣyaṃti）、彼らは皆、諸仏におさめとられ、無上正等菩提より退転しない者となるからだ。だから、シャーリプトラよ、私とかの諸仏・諸世尊を信じ、信受せよ。疑ってはならぬ」（S-Sukh. 99.2–7）

ここでの「名前を憶持する」は「名前を称える（称名）」と同義だが（藤田［2007: 466］）、圏点で示したように、主役の阿弥陀仏と脇役であったはずの六方の諸仏・諸世尊が同列で並ぶ。そして極めつけは、その後の展開である。ブッダは「お前たちはこの法門を信受せよ」と経の委嘱を行うが、特徴的なのはその後に置かれた一段である。そこには、娑婆世界のブッダを称讃する一節が見られ、自分が諸々の仏世尊を称讃したように、その諸々の仏世尊も私をこう称讃しているという。

「世尊・釈迦牟尼・釈迦族の大王は、非常になしがたいことをなした。娑婆世界において、無上正等菩提を覚ってから、時代の汚辱・衆生の汚辱・見解の汚辱・寿命の汚辱・煩悩の汚辱の中で、一切世間〔の者たち〕の信じがたい法を説かれた」（S-Sukh. 99.15–18）

ここまでくると、阿弥陀仏の出る幕はない。こうして経典の主題は、「阿弥陀仏→六方諸仏→ブッダ」という順番で移動し、結果として〈阿弥陀経〉は「娑婆世界のブッダを賞讃する経典」に姿を変えるので、この部分は〈阿弥陀経〉の原初形態には遡り得ないと藤田は指摘する。

さて、阿弥陀仏の本願に言及する大乗経典に〈悲《ひ》華経《けきょう》〉がある。これは穢土である娑婆世界で覚りを開き、苦の衆生を救済するブッダの大悲を讃歎する点で〈阿弥陀経〉と共通する。このように、阿弥陀仏に言及しながらブッダを讃歎する経典が編纂されるに至った背景には、他方仏国土（その典型例として阿弥陀仏と極楽浄土）が極度に強調されつつあった時代に、その反動として娑婆世界の教祖ブッダを再評価しようとする動きがあったのではないかと推察される。

阿弥陀仏・極楽浄土・往生思想

まず阿弥陀仏であるが、第二章で、〈無量寿経〉同様、「無量寿仏はいま住し、留まり、時を過ごし、法を説いている」と説かれ、現在仏であることが強調される。第八章では、阿弥陀仏が「アミターユス（無量寿）」と呼ばれる理由を、「彼自身と、極楽浄土に往生した者たちの寿命が無量であるから」とブッダは説明する。〈阿弥陀経〉では阿弥陀仏のみならず、極楽に往生した衆生の寿命も無量であるとし、阿弥陀仏が成仏してから十劫を経ていると説くのは〈無量寿経〉と共通する。第九章では、阿弥陀仏が「アミターバ（無量光）」と呼ばれる理由について、「かの如来の光明は一切の仏国土において妨げられることがないから」（S-Sukh. 95.21–22）とブッダは説明する。

〈阿弥陀経〉では阿弥陀仏の浄土が「スカーヴァティー（楽あるところ）」と呼ばれる理由をブッダは、「かの極楽世界には衆生たちの身体の苦もなく、心の苦もなく、ただ無量の安楽の原因のみがある。だから、かの世界は「極楽」と呼ばれるのだ」（S-Sukh. 93.6–8）と説明する。

器世間としての極楽浄土の具体的な特徴については、藤田の研究を参考に、その内容を紹介しよう。

①極楽はこれより西方に、十万億の仏国土を過ぎてある
②地獄・餓鬼・畜生等が存在しない
③大地は黄金でできている
④七重の欄楯（石垣）、羅網（網飾り）、行樹（並木）がある
⑤七宝の蓮池があり、八功徳水、種々な大蓮華があり、周囲には四宝の階段、七宝樹がある
⑥天の音楽があり、天の花が雨降る
⑦鳥たちが法音を出し、これを聞く者は三宝を念ずる
⑧宝樹が風に吹かれて快い音を出し、これを聞く者は三宝を念ずる

つぎに、極楽に往生した者たちの属性（衆生世間）を紹介しよう。器世間でみたように、往生者は阿弥陀仏と同じ無量の寿命を得るとされる点が注目される。それから第一〇章では、往生者が「清浄な菩薩であり、無上正等菩提より退転しない者であり、一生補処である」と説明され、〈無量寿経〉の記述と見事に一致する。最後に、往生の方法だが、これについては第一〇章にのみ詳細に記されているので、その部分を引用する。

「シャーリプトラよ、衆生たちはかの仏国土に〔往生したいと〕誓願を起こすべきである。（中略）シャーリプトラよ、いかなる善男子・善女人も、かの世尊である無量寿如来の名を聞き、聞いて思念し、一夜、二夜、三夜、四夜、五夜、六夜、あるいは七夜の間、散乱しない心で思念するならば、かの善男子・善女人が臨終のときに、かの無量寿如来は、声聞の僧団に取り囲まれ、菩薩の集団に恭敬されて、その臨終者の前に立つだろう。そして彼は心が顛倒することなく死に、死ぬと、その同じ無量寿如来の仏国土である極楽世界に生まれるだろう」（S-Sukh. 96.7–19）

往生の用件は、圏点で示したように、大きく分けて「誓願」「聞名」「思念」の三つとなる。サンスクリットの「思念」にあたる漢訳は「執持名号」であり、どの資料にも「念仏」という表現は見あたらない。また第一七章では、さきほど引用した「諸仏の名前の憶持」が「無上正等菩提より退転しない」ことをもたらすという指摘に続き、極楽往生には誓願が必要であることをブッダはこう説く。

「かの世尊・如来アミターユスの仏国土に心を向ける（＝誓願する）であろう人、すでに向けた人、あるいは現に向けつつある人は誰でもすべて、無上正等菩提より退転することがなく、かの仏国土に生まれるであろうし、すでに生まれ、あるいは現に生まれつつある。それゆえに、シャーリプトラよ、信心ある善男子・善女人は、かの仏国土に心を向ける（＝誓願す）べきである」（S-Sukh. 99.7–12）

この第一七章の記述「執持名号《しゅうじみょうごう》（＝称名）→決定菩提《けつじょうぼだい》」と「発願→往生極楽」の教説は、後ほど考察する世親（「天親」とも言う）の浄土教を理解する上で重要である。成立の早い前半の第一〇章では、往生行として説かれていた「思念（manas(i)√kṛ）」は「随念（sam-anu√smṛ）」と同義だが、成立の遅い後半の第一七章では、「思念」や「随念」は姿を消し、「称名」や「誓願」という、さらなる易行に簡素化されている点は注意すべきである。

〈観無量寿経〉

資料および内容

浄土三部経の最後に、〈観無量寿経〉を取りあげる。本経はインド原典や蔵訳がないため、その成立についてはさまざまな議論がなされてきた。現存するのは漢訳一本とウイグル語訳の二種のみである。漢訳は、畺良耶舎《きょうりょうやしゃ》（Kālayaśas）が四三〇～四四二年に訳出したとされる。一方、ウイグル語訳はトルファン付近で発見された貝葉型紙本の断片一紙のみだが、畺良耶舎の漢訳からの重訳であることが論証されている（百済［1979］）。

本経はインド原典が発見されていないのでインド撰述が疑われ、現在でもその成立地についてまだ定説はない。本経の成立について、ポイントは中央アジア撰述説か中国撰述説かにある。藤田はそれぞれ妥当性があるとし、現段階では中央アジア撰述と中国撰述の折衷説をとるのが妥当であると言う。シルクも『観経』の成立について「混合起源（mixed origin）」という立場をとる（Silk［1997］）。

経が説かれる場所は王舎城の耆闍崛山《ぎじゃくっせん》であり、ブッダは多くの比丘や菩薩たちと一緒であった。そのとき、王舎城の阿闍世《あじゃせ》（Ajātaśatru）は悪友の調達《ちょうだつ》（Devadatta）に唆かされ、父王の頻婆沙羅《びんばしゃら》（Bimbisāra）王を幽閉した。王妃の韋提希《いだいけ》（Vaidehī）は乳製品と蜜とを麦粉に混ぜて体に塗り込み、装身具には葡萄ジュースを満たして王に差し入れした。それを知った阿闍世は激怒し母を殺そうとしたが、大臣に諭され、母親殺しは踏みとどまるも、母も宮廷内に幽閉する。愁いに沈む韋提希は仏弟子の目連《もくれん》や阿難《あなん》に会いたいと願うと、それを知ったブッダは阿難とともに神通力で韋提希のもとに現れた。韋提希は濁世を厭い、悩みのない世界に生まれたいという気持ちを打ち明けると、ブッダは光明を放って十方諸仏の浄土を見せ、韋提希はその中から阿弥陀仏の極楽世界に生まれ変わりたいので、その方法を教えてほしいと懇願した。

そこでブッダは極楽に往生するための観法を彼女に教えるが、ここから一三の観法が説かれる。①日観、②水観、③地観、④宝樹観、⑤宝池観、⑥宝楼観、⑦華座観、⑧像観、⑨真身観、

⑩観音観、⑪勢至観、⑫普観、⑬雑観である。極楽浄土の具体的な情景および阿弥陀仏や両菩薩を、この世にいながらありありと眼前に思い浮かべるための精神集中（三昧）をブッダは詳細に説くが、紙面の都合上、最初の一つ（日観）だけを簡単に紹介しよう。

まず心を集中し、西方を観想する。具体的には、姿勢を正して坐り、西に向かって日没を見るようにする。心を集中させ、他に移らないようにし、太陽が没して吊り下げた太鼓のような形をしているのを見、見終わったら、目を閉じても開いても、太陽がはっきりと見えるようにせよ、と説かれる。そしてこの後には、往生人を九種に分け、それぞれの往生法を説く九品段が置かれる。上品上生から下品下生に至る九種類（「上・中・下の三品」×「上・中・下の三生」）の往生の方法が説かれる。

こうして、経典の最後では、このブッダの説法を聞いた韋提希と侍女五〇〇人は極楽の優れた情景ならびに阿弥陀仏と両菩薩を見ることでき、無生法忍（あらゆる存在が不生不滅であるという真理を覚る境地）を得た。そこで、世尊は神通力で耆闍崛山に戻った。このように、経の始まりは耆闍崛山、そして物語はそこから王宮に移り、そして最後にもとの耆闍崛山に戻るというように、場面が移動する。

阿弥陀仏と極楽浄土

『観経』で阿弥陀仏が具体的に描写されるのは一三観のうちの第九観なので、その内容を手がかりに阿弥陀仏の属性を紹介する。まず身体は金色であり、身の丈は六〇万億那由他恒河沙由《なゆたごうがしゃゆ》旬《じゅん》で、白毫《びゃくごう》は右に旋回し、五つの須弥山《しゅみせん》のようである。仏の眼は四つの大海のようで、青い部分と白い部分が明瞭である。

体の毛穴からは須弥山のような光明を放ち、阿弥陀仏の背後の円光は百億の三千大千世界のように大きい。一方、第十三観では、阿弥陀仏が意のままに十方世界に変現し、その身体も虚空一杯を満たすほど大きくなったり、一丈六尺や八尺といった小さな身体にもなりうると説く。『観経』には、これ以上、阿弥陀仏について説く箇所はない。

つづいて極楽の様相であるが、これについても藤田がまとめた内容を紹介しよう。

①極楽は西方に位置する（極楽はここを去ること遠からざるところにある）
②大地は瑠璃よりできており、七宝等の柱で支えられ、黄金の縄等で区切られている
③虚空に懸かった光明の台には千万の楼閣がある
④台の両側には無数の楽器があり、風に吹かれてすぐれた教えの音を出す
⑤高さ八千由旬の七宝樹が七重の並木になっており、一一の樹が七重の網で覆われ、その間には無数の宮殿がある
⑥八つの宝池があり、八功徳水、大蓮華があり、流水の音はすぐれた教えを説いている
⑦百宝の色の鳥たちの鳴き声は、常に三宝を念ずることを讃えている

⑧五百億の宝の楼閣があり、天の音楽が奏でられ、その音は三宝を念ずることを説いている

つぎに極楽浄土の衆生世間（往生者の特徴）を見てみよう。上品上生では、往生者が無生法忍、また仏より成仏の記別を授かることが説かれる。上品中生では、不退転と無生法忍とを得ることと成仏の記別を授かることが説かれる。上品下生では、歓喜地《かんぎじ》（菩薩の十地のうちの最初）に達する。中品上生では、阿羅漢果を得、三明《さんみょう》・六通《ろくつう》・八解脱《はちげだつ》を得る。中品中生では、まず預流果に達し、半劫を経て阿羅漢となる。中品下生では、小一劫を経て阿羅漢となる。下品上生では、無上正等菩提に心を発こし、十小劫を経て菩薩の十地の初地に達する。下品中生では、大乗の深遠な教えを聞き、無上正等菩提に心を発こす。下品下生では、菩提心を発す。以上が極楽浄土における衆生世間の様子である。

往生の方法

これについては、九品段の記述を紹介する。まず上品上生で求められるのは三心、すなわち真実の心（至誠心《しじょうしん》）、深く信じる心（深心《じんしん》）、そして善行を廻向して往生を願う心（廻向発願心《えこうほつがんしん》）を発すことである。上品中生では、大乗経典を記憶し読誦しなくても、意味内容を理解し、大乗を誹謗せず、功徳を廻向して極楽往生を願うこととされる。上品下生では、因果の理法を信じ、大乗を誹謗せず、菩提心を発し、その功徳を極楽往生に廻向することである。

中品上生では、五戒ならびに八斎戒《はっさいかい》を守り、五逆《ごぎゃく》をなさず、その善行を廻向して極楽往生を願うこと、中品中生では、一日だけでも八斎戒、あるいは沙弥《しゃみ》戒や具足戒を守り、その功徳を廻向して極楽往生を願うこと、中品下生では、父母に孝行し、俗世で人々に慈悲を実践することがその要件となる。

また下品上生では、十二部経の経典名を聞いて重罪を除去し、南無阿弥陀仏と称えること、下品中生では、善知識《ぜんちしき》が阿弥陀仏の諸徳を聞き、それを称えるのを聞くことで、八〇億劫の罪を除去すること、そして最後に下品下生では、十悪五逆を犯した者でも、臨終に際して、真実の心を発こし、声を絶やさず南無阿弥陀仏と十回称えるならば一瞬一瞬に八〇億劫の罪を除去し、極楽に往生すると説かれる。

こうして整理すると、九段階でそれぞれ往生の方法は異なるが、下品下生で南無阿弥陀仏と十回称えることが往生の要件として説かれていることから、これが極楽往生の最低の条件であることがわかる。また浄土三部経の中で『観経』が唯一「南無阿弥陀仏」と声に出して称えること（称名）を往生行として明文化している点で注目されるが、これを「念仏」と規定しているわけではない。念仏の語は第九観に「念仏三昧」（後述）が見られるが、ここでの念仏三昧は十方のすべての仏を見ることを目的とした念仏であるから、「観想念仏」であり、「称名念仏」ではない。

また下品下生には、その後の浄土教の展開を考える上で重要な表現が見られるので、それを確認しておおう。ここでは、悪業を犯した者が臨終に際し、苦に逼られて仏を念ずるにいとまがないとき、善友は彼に「汝、若し彼の仏を念ずること能わざれば、応に帰命無量寿仏と称うべし」（T. 365, xii 346a17–18）と告げる場面がある。これは、念仏と称名の関係を見事に描いている。つまり、念仏は実践しがたいが（難）、称名は苦に苛まれていても実践しやすい行（易）であることが説かれているのである。

〈般舟三昧経〉

資料

浄土三部経ではないが、浄土思想を考える上で極めて重要な〈般舟三昧経〉の内容についても見ておきたい。これから見るように、般舟三昧はインド・中国・日本の浄土教に大きな影響を与えた。まずは現存の資料を整理する（梶山［1992: 243］）。

（一）原典：写本一紙のみ（Hoernle［1916: 88–93］）

（二）蔵訳：Da ltar gyi sangs rgyas mngon sum de bzhugs paʼi ting nge ʼdzin ces bya ba theg pa chen poʼi mdo（現在の〔諸〕仏が菩薩あるいは行者の面前に立つ三昧と名づくる大乗経）

（三）漢訳：①『抜陂菩薩経《ばはぼさつきょう》』（訳者不明）
②『仏説般舟三昧経《ぶっせつはんじゅざんまいきょう》』（支婁迦讖訳）通称：一巻本
③『般舟三昧経』（支婁迦讖訳）通称：三巻本
④『大方等大集経賢護分《だいほうとうだいじっきょうけんごぶん》』（闍那崛多《じゃなくった》訳）

蔵訳の刊本にハリソン（Harrison［1990］）がある。蔵訳から、その原典名はPratyutpanna-buddha-saṃmukha-avasthita-samādhiと推定され、「現在の〔諸〕仏が菩薩あるいは行者の面前に立ち給える、あるいは住し給える三昧」（林［1994: 269–272］）を意味する。この蔵訳にももっとも近い漢訳は④だが、漢訳で最古形を有しているのは③の三巻本であり、その底本となったインド原典は紀元後一五〇年には成立していた。一巻本は原典を見ずに後代の中国で作られた要約本とされる。成立史的には「行品」（三巻本の第二章）がその原初形態であり、『大阿弥陀経』の思想を継承しながら『道行般若経』の空の思想に影響されて成立したと考えられている（末木［1989］）。

内容

さて本経の内容だが、阿弥陀仏を中心的に説くのは第二章「行品」であり、浄土思想を考える上では、この章さえ押さえておけばよい。第三章以降は「般舟三昧」を説くことが主題であり、般舟三昧自体は「諸仏が現前する三昧」であるから、その諸仏を阿弥陀仏に限る必要はないので、純粋な意味での浄土経典ではない。よって、詳細は梶山［1992: 320–335］にゆずり、ここでは浄土教と深い関わりを持つ第二章の内容を三巻本から紹介する。

〈般舟三昧経〉は極楽浄土には言及せず、方位のみ「この仏国から西方の方角に百千万億の仏国を過ぎた極楽世界に」と記す。また、〈般舟三昧経〉は浄土三部経のように阿弥陀仏を客観的には描写せず、念の対象として三昧により見えてくる阿弥陀仏の姿形を説明するので、その説き方は浄土三部経とは異なる。

本経における阿弥陀仏の名称は「無量寿（Tib. tshe dpag med pa : Skt. amitāyus）」のみであり、「無量光」は現れない。また、さきほど紹介した極楽の方位につづき、般舟三昧の内容説明として「無量寿仏が現在、菩薩の集団によって遍く囲遶され、尊敬され、坐り、生活し、留まり、法を説示している」と思念することが説かれ、ここでも阿弥陀仏が〝現在仏〟である点が強調される。さらに、仏を念ずる際の具体的内容として、「阿弥陀仏は十号を具え、三十二相と黄金の身体を具え、金の容姿が輝いて明るくよく住しているようであり、宝の供樹のごとく見事に飾られて、声聞衆の中で法を教示している」とも説かれる。

つぎに、往生の方法という観点から般舟三昧の位置づけを整理すると、般舟三昧（思念）による見仏、そして見仏に基づく念仏が往生の因となる。まず行者は一人で閑処に行って坐り、聞いたとおりの姿で阿弥陀仏を思念し、念を散乱させず、一昼夜乃至七昼夜にわたって思念すれば、阿弥陀仏を見ることができる。もしも昼間、阿弥陀仏を見なければ、阿弥陀仏が行者の夢中に顔を現す。このように、般舟三昧を得た者は極楽に行かずとも、その場で阿弥陀仏のことを聞き、阿弥陀仏の容姿だけを聞いた後、心を散乱させず、阿弥陀仏を思念すれば阿弥陀仏を見ることになる。さらに、念仏を完全に保ち、確実に保持して修習を多くなせば、極楽に往生できると、阿弥陀仏自身が説く。

〈般舟三昧経〉が般若経の空思想に影響を受けていることはすでに指摘したが、梶山［1992：305, 311, 313–314］は、「あらゆるものは心より生じ、空に他ならない、ということが、般舟三昧において仏もきたらず、行者も行かずして見仏が成就し、三界は心の所産であり、空である、という諦念に通じているのである」、「阿弥陀仏が、空であるからこそ、その姿を三昧に入った菩薩の前に現すのだという、空の積極面を強調している」、あるいは〈般舟三昧経〉が「空の真理が阿弥陀仏の姿をとって現れ、その阿弥陀仏は行者の心に他ならず、その心は空である」とも指摘する。

空思想に基づく唯心論的な浄土教理解は、インドの世親や中国の曇鸞に顕著であり、そのアンチテーゼとして善導の「指方立相」という存在論的浄土理解が登場するが、浄土教の歴史を考える場合、この二つの異なった浄土理解は念頭に置いておく必要がある。これは解釈で生じた違いというより、すでに経典の段階で二つの流れができている。ただし、〈般舟三昧経〉は唯心論的な立場に立ちながらも、極楽の所在を「西方」と位置づけ、そこに「往生」することもあわせて説くので、存在論的な立場でも浄土教を理解している。

ともかく、本経における極楽往生の方法は、般舟三昧（思念）による見仏と、その見仏に基づく念仏であり、この場合の念仏は、阿弥陀仏の諸徳と姿形を念ずることであるから、称名念仏と違い、かなり高度な実践（行）を必要とする。

二　龍樹——難行道と易行道

『十住毘婆沙論』の概要

ではここから、中国・日本の浄土教に影響を与えたインドの論書を手がかりに、その浄土思想を解説するが、取りあげるのは龍樹と世親の論書である。中観哲学を樹立した龍樹や唯識哲学を大成させた世親が、浄土教に関する論書を残しているのは興味深い。まずは龍樹から。

龍樹の年代は紀元後一五〇年から二五〇年の間と推定されているので、大乗仏教の最初期に活躍した人物だ。当時、諸部派の中でとくに大きな勢力を保持していたとされる説一切有部の「有の思想（三世実有説《さんぜじつう》）」を、般若経で説かれる「空の思想」で批判し、中観哲学を樹立した。

龍樹は多くの著作を残しているが、哲学的で論理的な論書がほとんどで、『十住毘婆沙論《じゅうじゅうびばしゃろん》』（以下、『十住論』）のような宗教的論書は珍しいため、本書は龍樹の真作かどうかが学界で議論されてきたが、最近の研究は本書を龍樹の作とみなしている。本書は鳩摩羅什訳の漢訳が一本しか現存せず、インド原典や蔵訳も存在しないことが龍樹の真作を疑う根拠にもなるが、その原典名はDaśabhūmi(ka)-vibhāṣāと推定される。つまり本書は「十地経《じゅうじきょう》（Daśabhūmika-sūtra）の注釈（vibhāṣā）」という性格を持つ。以下、瓜生津［1994: 11–59］と武内［1993: 58–92］に基づき、その概要を紹介する。

内容は、十地経をはじめ、諸種の初期大乗経典の中から大乗菩薩道についての要説をとりあげ、それらをまとめて解説しており、単なる十地経の註釈というより、大乗菩薩道について経の所説の要点をまとめた独立の論書である。本書はもともと偈頌で十地経をはじめ諸経典の所説の要点をまとめ（本頌）、のちにそれに対する長行《じょうごう》の釈（散文による注釈）が付され、長行は訳出時にかなりの増広付加が行われたと考えられているが、長行の釈はともかく、本頌は龍樹の作と認めてもよいと瓜生津は指摘する。

ともかく、『十住論』は、〈十地経〉を中心に、さらにその他の諸経典に拠って、大乗菩薩道の要説をとりあげ、それらを偈頌にまとめ、さらにそれに注解を加えた文献と定義できよう。ただし、菩薩の十地のうち第二地までの所説しかなく、第三地以降は存在しないこと（その理由は不明）、また浄土教を主に解説した文献ではないことも注意しておく必要がある。主眼はあくまで大乗菩薩道だ。ではつぎに、本書の構成を確認しておく。本書は全体で三五品から成るが、その構造はつぎのとおり。

（一）全体の総説：序品第一
（二）初地：入初地品第二～入寺品第一七（在家菩薩の行法）
　　共行品一八～略行品二七（在家と出家の菩薩の共行としての行法）
（三）第二地：分別二地業道品二八～戒報品三五（出家菩薩の行法）

「共行」とは出家菩薩の行法を在家菩薩が実行することであり、在家菩薩が在家生活を営みながら出家菩薩の行法を行うことを意味するが、換言すれば在家菩薩から出家菩薩への移行段階（準備期間）と理解できる。この構成が示すように、本書は在家生活よりも出家生活が優れていることを説き、究極的には出家菩薩の所行を強調するが、これは〈郁伽長者所問経《いくがちょうじゃしょもんぎょう》〉と同じである（Nattier [2003: 162–169]）。

念仏思想

そのような本書は、浄土思想をどう説くのか。本書が「念仏」や「易行」に言及するのは確かだが、「念仏という易行によって極楽浄土に往生する」という日本浄土教を前提に『十住論』を理解するのは、歴史を無視し、本書の実像を歪めることになる。本書はインド仏教の中で誕生したのであるから、インド仏教の文脈で理解しなければならない。論の冒頭でも述べられているとおり、本書が目指すのは、十地という大乗菩薩道において正定聚に入り、不退転の位に至ることなのである。

ではまず、念仏思想からみていく。共行を説く念仏品では、見仏の方法として般舟三昧をあげ、その観法はつぶさに仏の相好である三十二相八十種好を観ずることと説くので、ここでの念仏は観想の念仏である。この般舟三昧を行ずるには頭陀行《ずだぎょう》の実践が前提となるが、頭陀行は明らかに出家者の行であり、在家菩薩の立場で出家者の行である頭陀行を実践するから「共行」なのである。

念仏品での念仏が色身（三十二相八十種好）を観ずることだったのに対し、つぎの四〇不共法品では仏の法身を観ずることを説く。この場合の法身とは、仏の人格的な特性（六神通や十力等の仏の功徳）であり、これは初期経典所説の念仏に近い。そして助念仏三昧品では、さらに空観に基づく実相の念仏を説く。

本書の念仏は「色身から法身へ、法身から空観に基づく実相の念仏」と次第して深まる修習を前提とした念仏である。また讃仏品は、仏の功徳を讃えて念仏三昧を達成することも説かれるが、ともかく『十住論』の念仏は初期経典以来の「仏の諸徳を念ずる念仏」、あるいは般舟三昧に基づく「観想の念仏」と理解しなければならない。では称名思想は『十住論』に見られないのであろうか。

これについては、後代の浄土教に大きな影響を与えた易行品の内容を見てみよう。これは〈十地経〉の所説とは直接に関係はなく、〈般舟三昧経〉や〈無量寿経〉などによりながら、不退転の位に至るには易行の道もあることを説く。まず、不退転に至ることがいかに困難であるか、そして仏道を求める者にとって、声聞や独覚という二乗に堕することがいかに恐ろしいかを示し、最後に不退転の位に至る方便として易行が述べられる。機根の劣る者のために易行の道がつぎのように示される。

仏法に無量の門有り。世間の道に難有り易有りて、陸道の歩行は則ち苦しく、水道の乗船は則ち楽しきが如し。菩薩の道も亦た是の如し。或いは勤行精進する有り、或いは信方便の易行を以て疾く阿惟越致《あゆいおっち》に至る者有り（T. 1521, xxvi 41b2–6）。

このように、陸路と水路の譬えで難行と易行の違いを説明する。易行の具体的な内容は、「若し人、疾く不退転地に至らんと欲せば、応さに恭敬の心を以て、執持して〔諸仏の〕名号を称すべし」（Ibid. 41b13–14）、あるいは「阿弥陀等の仏、及び諸の大菩薩あって、名を称え一心に念ずるも、亦た不退転を得」（Ibid. 42c11–12）とも説かれる。このように、易行道の内容は称名と明記される。ただし、その名号は「阿弥陀仏の名号」に限定されておらず、諸仏諸菩薩の名号である点には注意しておこう。

易行品では阿弥陀仏が強く意識されているのは事実だが、その他の仏や菩薩たちの名前を称えても不退転は得られ、両者に違いがあるような記述は見出せない。また易行品で注目すべきは、「聞名」への言及である。易行品で不退転（あるいは必定）に至る方法をまとめると、聞名のみ（六例）、称名のみ（二例）、そのほか、恭敬心と称名、念仏と称名　聞名と名号の執持、称名と一心に念ずること、称名と帰依、そして威徳を念ずることが、それぞれ一例という結果になる。

『十住論』は念仏を詳細に説明するが、称名の解説はほとんどない。これを問題視した小谷［2015: 85-88］は、本書における念仏と称名との関係をつぎのように整理する。

本書の助念仏三昧品には、新発意《しんぽっち》（初心者）の菩薩が「仏の十号の妙相」によって念仏することが説かれているが、インド仏教において「念」と「称」とが極めて近い関係にあることを考えると、ここでの「十号の妙相の念仏」は「仏の十号による称名」ということになる。つまり、称名は本来の念仏（仏身観）を修習できない新発意の菩薩のために、準備的な仏身観として説かれるので、本来の念仏の解説は詳しく説かれるが、準備的な行（加行《けぎょう》）である称名は詳しく説かれなかったと小谷は推定する。

これをまとめると、「称名（加行）↓念仏（色身↓法身↓実相）」という修習の深まりが確認される。つまり「称名」は、新発意の菩薩のために設けられた、念仏を実践しやすくするための方便という位置づけになるが、「称名によって不退転を得る」という記述が易行品にみられるのは、菩薩道の困難さに怯む儜弱怯劣《にょうにゃくこうれつ》な行者を励ます意図を込めた激励の言葉として理解すべきであると小谷は主張する。称名が念仏の補助的（導入的）な行である点は、中国や日本の浄土教にも引き継がれていく。

さらに除業品では、不退転に至る方法として聞名や称名以外の方法、すなわち「四悔（罪過を滅するために修する四種の行法。これに「発願」を加えれば五悔となる）」に言及していることにも注目しておこう。

往生思想

また『十住論』の浄土思想を考える上で重要なのは、「往生」の考え方がほとんど見られないことだ。聞名・称名・念仏は説かれるが、それで得られる果報は不退転であり、死後、浄土に往生するという思想は『十住論』には見られない。唯一の例外である易行品の一節によれば、不退転を得るのは、死後、極楽に往生してからになるが、龍樹の基本的な立場は、般舟三昧の実践による、現世での不退転獲得（現世不退）である。

しかもこの「現生不退」は上勢力を得た菩薩の仏身観によって得られ、それは般若経の説く空を証悟することで獲得されるのであるから、高度の修行を達成した菩薩によってのみ達成される境地である。とすれば、易行品の記述は、『十住論』にあって極めて特異な用例と言えよう（小谷［2015: 94–99］）。

「念仏／易行」という日本の浄土教にも耳馴染みの用語が使われているために、日本浄土教の文脈で本書の「念仏／易行」を理解しそうになるが、インド仏教の文脈で本書を理解するとき、そこで説かれる「念仏／易行」の内容はずいぶん我々の通常の理解とは異なっており、また逆に日本浄土教の「念仏／易行」理解に基づいて『十住論』を理解すれば、大きな陥穽に陥る。さらに「難行道／易行道」という分類も龍樹独自の解釈であり、経典に基づくものではないことを指摘しておく。

三　世親――瑜伽行唯識派の浄土教

『往生論』の内容・構成

つづいて、大乗仏教のもう一人の立役者である世親について見ていこう。世親は〈倶舎論〉をはじめ、唯識を中心に多くの論書を残しているが、浄土思想に関連する論書として『往生論』（＝『浄土論』）がある。正式名称は『無量寿経優《むりょうじゅきょうう》波《ぱ》提舎願生偈《だいしゃがんしょうげ》』であり、菩提流志訳の漢訳が一本現存するだけで、インド原典や蔵訳が存在しないのは『十住論』と同じだが、作者は世親の真作と考えられる。『十住論』と違い、全編、浄土思想を扱う論書であり、二四偈の韻文と、それを解釈した散文から構成される小部の文献である。

では、この論の名称について考えてみよう。まず冒頭に「無量寿経」という経典名がでてくるが、本書の内容が梵本の無量寿経のみならず、梵本の阿弥陀経の記述にも符合するという事実から、『往生論』の題名にある「無量寿経」を、この二つの浄土経典を指すものと大竹［2011: 285–288］は結論づける。

一方、優波提舎（upadeśa）は「経を理解しやすくするための解説」を意味するから、本書は全体として「無量寿経や阿弥陀経を、理解しやすく解説した論書」ということになる。その論者は瑜伽行《ゆがぎょう》唯識派の思想家である世親であるから、瑜伽行唯識という教学の立場で、瑜伽行唯識の思想を素材にして浄土の法門を解説したという点も忘れてはならない（小谷［2015: 16–17］）。

ではまず、その内容を概観する。本書の冒頭では「世尊、我一心に尽十方無礙光如来に帰命し、安楽国に生ぜんと願ず」（T. 1524, xxvi 230c14–15）と表明され、〈倶舎論〉や唯識論書には見られない、世親の宗教的心情が素直に吐露されている。本書は大きく三部に別れ、前半は「浄土／阿弥陀仏／浄土に往生した菩薩」という三つの観点（三厳）から浄土全体の荘厳相を詩頌で説く。つぎはそれを長行（散文）で解説するが、その目的は「安楽世界を観じ、阿弥陀仏を見たてまつり、彼の国土に生ぜんと願ずる故なり」（Ibid. 231b8–9）と説明される。そして、極楽に往生して阿弥陀仏に見えるためには「五念門」を修することが必要だが、その項目と内容を示せば、以下のとおり。

（一）礼拝門：身業をもて阿弥陀如来・応・正遍知を礼拝す。彼の国に生ずる意を作すが為なり

（二）讃歎門：口業をもて讃歎す。彼の如来の名を称するに、彼の如来の光明智相の如く、彼の名義の如く、如実に修行して相応せんと欲するが故なり

（三）作願門：心に常に願を作し、一心に専ら畢竟じて安楽国土に往生せんと念ず。如実に奢《しゃ》摩《ま》他《た》（śamatha）を修行せんと欲するが故なり

（四）観察門：智慧もて観察し、正念に彼を念ず。如実に毘《び》婆《ば》舎《しゃ》那《な》（vipaśyanā）を修行せんと欲するが故なり。彼の観察に三種有り。何等をか三種と為す。一には彼の仏国土の荘厳功徳を観察す。二には阿弥陀仏の荘厳功徳を観察す。三には彼の諸菩薩の荘厳功徳を観察す

（五）回向門：一切苦悩の衆生を捨てずして、心に常に願を作し、廻向を首となす。大悲心を成就することを得んとするが故なり

第四の観察門はその観察に三種があるとし、詩頌で説かれた三厳を観察することが説かれる。その際、前半で説かれた全詩頌が引用され、三厳を二九種の荘厳相に分けて説かれるが、二九

種の内訳は、「浄土」が一七種、「阿弥陀仏」が八種、そして「菩薩」が四種である。

そして最後に廻向門の内容が敷衍される。菩薩は「止観（śamatha-vipaśyanā）」（後述）を修し、五念門の実践で積んだ一切の善根功徳を廻向し、自他ともに安楽国土に往生することを願うことが勧められる。五念門のうち前の四門によって自利、第五門の回向門によって利他を成就し、五念門全体で自利利他が満足し、速やかに仏果が成就する。このように、称名のみが往生の行ではなく、「五念門」全体で往生の因となっていること、また『十住論』と違い、『往生論』は往生思想を前提としていることにも注目しておく。

世親の浄土思想

以上、『往生論』の輪郭を紹介したが、これだけでは世親の浄土思想を理解したことにはならない。この書は瑜伽行者の世親が著した論書なので、「瑜伽行唯識派の修道論に基づいて説かれた論書」という視点でとらえなおしてみる必要がある。では、『往生論』以外の世親の著作にも注目し、この点を整理する（小谷［2015: 23 ff.］）。『往生論』は浄土に往生する方法として五念門を説くが、世親が瑜伽行唯識派の思想家であり、その教義が止観の行によって修習されることから、五念門は瑜伽行思想に由来すると考えられ、経典の典拠はない。

瑜伽行派は「法の修習」に関し、重要な提案をする。この場合の「法」とは「ブッダ所説の諸法（十二部経）」であり、瑜伽行派における「法の修習」とは、「涅槃を証得されたブッダによって説かれたすべての法（一切法）を、経典に説かれたとおりに、止観を行ずることを通して如実に修習すること」を意味し、この「法の修習」の思想に基づいて『往生論』は著されている。小谷［2015: 135］は、瑜伽行における止観の役割をつぎのように簡潔にまとめている。

> 瑜伽行派における修道論の主眼は、仏が教えるすべての物事（一切法）を、既成概念として言葉通りに理解して能事終われりとするのではなく、仏がそれらの物事に託して教えようとした意図を、法を対象とする瞑想行を通して聞き取り体得しようとするところにある。そのためには心を教えられた物事（法）に集注し（śamatha, 奢摩他・止）、その物事を明瞭に見通す行（vipaśyanā, 毘婆舎那・観）である瑜伽行（yogācāra）の実践が必要とされる。

易行道を前提とする日本の浄土教に慣れ親しんだ者に、止観という瑜伽行を前提とした世親の浄土教は「易行」とは言えないほど様相が異なり、同じ浄土教とは思えないが、これで驚いてはいけない。つぎに取りあげる「別《べつ》時《じ》意《い》説《せつ》」では、易行道や称名念仏も世親の槍玉にあがるからだ。

別時意説

小谷［2015: 18］は、『往生論』を読む際、世親の別時意説を念頭におくべきであると言う。別時意とは、仏語に対する解釈であり、ブッダの言葉が何かを意図して説かれた場合、その言葉が、即刻ではなく、やがてそれが「別な時にそれが実現することを意趣してとかれたもの」という意味である（向井［1977］）。たとえば、「称名すれば無上正等菩提が得られる」とか、「誓願すれば極楽に往生できる」とブッダが説いたとする。この場合、「称名／誓願」という因は、単独で直ちに「無上正等菩提の獲得／極楽往生」という果を引き起こすのではなく、怠惰な者を励ますという意図でそう説かれたと理解するのが別時意説であるが、それはつぎのように説明される。

> 「別時意」とは、要約すれば、〈誦持名号〉および〈発願〉とは、別の時に（kālāntaram）得られるべき〈決定菩提〉および〈極楽往生〉という仏果へと進むための因（kāraṇa, hetu）というところにこそ真の意味があり、〈誦持名号〉即〈決定菩提〉、および〈発願〉即〈往生極楽〉のように説かれるのは、怠懈な者をして仏道に勤め励ますという特別の意図をもった方便誘引の説法である、ということになる（向井［1977: 169–170］）。

「念仏往生」の思想は、業の因果律を大きく逸脱しているように見える。この世で殺人等の悪業を積んでも、念仏さえ称えれば地獄に堕ちずに極楽に往生できるというのだから、伝統的な仏教の業論に慣れ親しんだ者が違和感を覚えるのも無理はない。殺人の大罪は、念仏という極めて簡単な実践で清算されうるのか。

このような問題は、日本のみならず、中国やインドでも盛んに論じられた。中国では隋唐代の仏教界で、念仏による極楽往生が「次の生（順生）」なのか、あるいは「次の次の生以降（順後＝別の時）」なのかが議論されたが、そのきっかけになったのが梁代に真諦が漢訳した無著の『摂大乗論《しょうだいじょうろん》』と世親の『摂大乗論釈』の別時意説であった。つまり、この問題は仏教発祥の地インドに端を発しており、別時意説は瑜伽行唯識派では一般的だったのである。

では、瑜伽行唯識派の立場に立つ世親の浄土教理解はどのようなものであったのか。別時意説から推論される結末は、法然や親鸞の浄土教で言うところの〝易行道〟とは相容れないものである可能性が極めて高い。

世親の理解した浄土教

〈無量寿経〉や〈阿弥陀経〉は、往生の方法に関して同じ経典内でも微妙に教説のポイントが移行しており、これが世親の浄土教を理解する上で重要である。小谷［2015: 49–59］に基づき、要点をまとめる。

最初に取りあげるのは〈無量寿経〉の三輩往生説である。上輩は出家者、中輩は在家者で功徳（善行）を修める者、そして下輩は在家者で功徳を修められない者であり、その内容には若干の異同はあるが、往生者を三種に分類する教説は、この経典の原初形態から説かれていたと藤田は推定する。

さて、問題は〈阿弥陀経〉だ。本経は前半と後半の間に齟齬がある。往生の方法を提示する第一〇章では、「極楽浄土に往生したいという誓願を起こし、善根を積み、阿弥陀仏の名を聞き、聞いて思念し、一夜乃至七夜、散乱しない心で阿弥陀仏を思念すること」が往生の要件だった。それが後半になると、「この法門を聞き、またこれら諸仏・諸世尊の名前を憶持するなら、彼らは皆、諸仏におさめとられ、無上正等菩提より退転しない者となる」と説かれ、〝往生〟の要件ではないが、〝不退転〟にいたる要件として諸仏（阿弥陀仏だけではない！）の名前の憶持（＝称名）だけに単純化されている。

〈無量寿経〉と〈阿弥陀経〉の原初形態の成立はほぼ同時期であり、三輩往生説は〈無量寿経〉の原初形態の段階で成立し、阿弥陀経の後半部分の成立は遅いと藤田は推定する。とすれば、〈阿弥陀経〉第一七章に見られる往生行の単純化への移行は、往生思想の展開が上輩から下輩へ教説の重点が移っていく流れを反映していると理解でき、このような単純化された浄土思想が世親の時代の往生思想の基調をなしていた（向井［1977: 175］）。世親が否定した別時意説の「誦持名号（称名）→決定菩提」と「発願→往生極楽」はいずれも〈阿弥陀経〉第一七章に確認でき、これが当時の往生思想の基調であったとすれば、世親がそのような往生行を批判したのはなぜか。

〈阿弥陀経〉第一七章で「念仏（思念・随念）」は「称名」に取って代わられ、簡素化が進んでいるが、臨終見仏をもたらす思念は瑜伽行唯識派において重要な修習法であった。ここで「思念」と訳した原語はmanas(i)kāraであり、直訳すれば「作意《さい》」となるが、小谷によれば、作意とは「心を〔特定のことがらに向け〕働かせること／心に注意を喚起すること／思念すること」を意味し、正しく心を特定の対象に向かわせ、心に注意を喚起し思念するという行を実践することが瑜伽行であり、作意が重要なのは、それが行者に見仏の体験をもたらすからであるという。

そして世親の『往生論』は、そのような易行に偏る浄土思想を、「誓願をなすこと／善根を修すること／作意をなすこと（念仏）／臨終に見仏すること／死後に往生すること」という要件を備えた、本来の姿に戻すために著されたのではないかと小谷［2015: 56–59］は推定する。『往生論』の骨格をなす「五念門」の「念」は「作意」を意味するmanas(i)kāraであると想定されていることからも、その重要性は窺われる。

大竹［2011: 300］も、『無量寿経』は凡夫が極楽浄土に往生しうると説いているのに対し、『往生論』は菩薩の十地の中の初地に進んだ菩薩のみが往生しうると説き、これが瑜伽師の基本的立場だが、この瑜伽師が極楽世界に凡夫が往生できるという『無量寿経』の説を認めず、凡夫は往生できないと改めたのは、『無量寿経』を未了義経（文言をそのまま信じてはいけない不十分な内容の経）と認識したからだという。

浄土宗や浄土真宗で重要視される三経一論とは浄土三部経と『往生論』であり、その『往生論』の著者・世親は絶対他力を説く浄土真宗の七高僧の一人にも数えられる。このような日本の鎌倉浄土教的フィルターを通してみれば、世親の『往生論』は「阿弥陀仏の他力を力説した論書」と無自覚に判断してしまうが、ここには大きな間違いがある。確かに阿弥陀仏の他力で極楽往生は実現するが、易行は否定されていた。ここでは、大竹［2011: 296–298］に基づき、「自力／他力」という視点からまとめておく。

『無量寿経』は阿弥陀仏が凡夫を極楽浄土に往生させると説くが、『往生論』は阿弥陀仏が往生させるのは、凡夫ではなく菩薩の十地の初地以上の菩薩とした。つまり『往生論』の基本姿勢は、極楽浄土への往生に関して、阿弥陀仏の〝他力〟に与る前には、菩薩として止観を修するという瑜伽行唯識的な〝自力〟が必要だった。換言すれば、止観で阿弥陀仏を見る初地直前までは〝自力〟、そして初地に至れば阿弥陀仏の本願力という〝他力〟で極楽浄土に往生できる。よって、最初から最後まで阿弥陀仏の他力によるのではなく、最初は自力が必要とされるのであり、これがインドの文脈に即して理解する世親の浄土教なのである。

第三章　中国の浄土教

一　曇鸞――自力と他力

曇鸞以前

まずは、中国の浄土教史を概観する（塚本［1968: 27-81］）。

中国でも土着の宗教である儒教や道教と混淆しながら、仏教は中国人に受容された。伝来初期の仏教は、上層階級にあっても自国の神仙と信じられた黄帝・老子の神仙道と同様の教えとして受容されたので、下層の庶民階級に広まる仏教は、外国の神仙が説いた道教の一派として信者を得ていった。後にインドや西域から外来の仏教学者や宣教者が中国に入り、また中国の求法留学者がインドで仏教を学ぶなどして、仏教は中国で重要な宗教に成長していく。インド原典の漢訳事業も盛んに行われ、膨大な漢訳仏典が誕生した。

隋や唐の時代になると、インドや西域にはない中国仏教独自の諸宗が開創された。やがてこの諸宗を伝え学び、権威ある拠り所として、日本的展開を遂げる日本仏教の諸宗が誕生するが、その一つに浄土教の流れも位置する。はるか西方から道の体得者として伝えられた金色の仏像が、まず中国人によって神仙と同一視されたのは当然であり、神仙が住む天上の国や遠い地の果ての楽土の信仰は、浄土信仰に一脈通じるものがあった。

古くから中国にある山岳信仰によれば、泰山《たいざん》（太山）の神の審判は人々に死の恐怖や不安を想起せしめ、そのカウンターとして天国や浄土が願望される。中国人は具体的現実を重視するので、死や死後の問題については適切な教説を欠いていたが、そのような中国人を仏教の輪廻思想は魅了し、浄土往生を願う重要な基礎にもなった。これとは別に、中国には祖先崇拝の習俗や孝道が道徳の中心とされていたので、善根功徳を積み、亡き親族や近親の冥福を祈願する心情も、浄土教の発展に寄与したと考えられる。

こうして、中国の浄土教は芽を吹き成長していくが、中国浄土教の師祖と考えられているのが廬山《ろざん》の慧遠《えおん》（三三四～四一六）だ。中国では浄土教に関する宗を「蓮宗」と言うが、中国僧がまとめた仏教史『仏祖統紀《ぶっそとうき》』は、蓮宗の始祖を慧遠とする。当時の仏教界の実情に対する反省、厳しい自己批判、そして真に清浄な求道仏教界の実現を期し、慧遠は廬山東林寺に僧俗一二三名からなる念仏結社「白蓮社《びゃくれんしゃ》」を組織した。慧遠の師匠は般若経の空智の追求者・道安《どうあん》であったから、慧遠が白蓮社で実践した念仏は禅観に基づく念仏、すなわち阿弥陀仏を念の対象とする般舟三昧であった。

しかし白蓮社が般舟三昧を目指すかぎり、それは選ばれた賢人隠士の宗教であり、他力による万人の救いを目指す浄土教ではない。入社に際しては人を選んでいたので閉鎖性は高くなり、結果として白蓮社の構成員は持戒もかたく、教養も高い俊秀が多かった。よって、塚本は慧遠の浄土教を「自力浄土教」と称するが、この後に紹介する曇鸞《どんらん》・道綽《どうしゃく》・善導《ぜんどう》とつながる「他力浄土教」とは一線を画する浄土教ということになる。

末法思想

さて中国の浄土教を考える上で重要なのが、末法思想だ。中国や日本の浄土教の興隆には、末法という歴史観が大きく作用している。インドには下降的歴史観があり、時代が下れば正法が滅するという「法滅」思想があった。正法が滅する時期は資料によって異なるが（Nattier [1991: 27–64]）、パーリ『律蔵』はこれを仏滅後五〇〇年とする。しかし、インドには正法・像法・末法という三時説はなかった。

正法とは、教（仏の教え）・行（その教えにしたがって実践する者）・証（その結果、覚りを開く者）の三つがそろっている時代のことをいう。つぎの像法とは、教と行のみが存在し、証がない時代、最後の末法は教のみが存在し、行と証がない時代をいう。仏滅年代については、紀元前九四九年説と紀元前六〇九年説の二つがあり、また正法と像法の期間も一五〇〇年説と二〇〇〇年説の二つがあるので、この組み合わせから、末法に入る時期については、つぎの四説が可能になる（平［1992: 144］）。

（一）紀元前九四九年説＋正法像法一五〇〇年説＝五五二年説
（二）紀元前九四九年説＋正法像法二〇〇〇年説＝一〇五二年説
（三）紀元前六〇九年説＋正法像法一五〇〇年説＝八九二年説
（四）紀元前六〇九年説＋正法像法二〇〇〇年説＝一三九二年説

中国では（一）が普及したので、道綽（五六二〜六四五）以降、日本では（二）が圧倒的な広がりをみせたため、法然（一一三三〜一二一二）以降の浄土教家は末法思想に大きく影響を受け、その思想を展開することになる。

曇鸞の生涯

では、曇鸞（四七六〜五四二）の生涯を整理する（藤堂［1995: 3–44］）。彼の誕生は、南北朝時代の北魏の時代、出生地は山西省の大同から太原のほぼ中間に位置する雁門（万里の長城の南側）で、その氏は不詳。この時期は廃仏毀釈の嵐も終わり、仏教復興の波に乗ってひたすら隆盛に向かう最中であった。彼の生誕の地・雁門は仏教霊山の一つである五台山にほど近く、一五歳を前に五台山に入ると、山の霊気に打たれながら遺跡を巡拝し、心に歓悦を感じて出家した。出家後は、鳩摩羅什が訳出した龍樹の『中論』『十二門論』『大智度論』と提婆の『百論』を合わせた「四論」と仏性とを極める学僧として知られるようになる。

曇鸞は『大集経《だいじっきょう》』の研鑽に努めたが、その最中に病に倒れ、気分転換（療養）をかねて旅に出た。病は癒えたが、健康長生の必要性に気づいた曇鸞は、まず長生の法を修得して長生を得、それの後に『大集経』の注釈に着手しようと考えた。彼は、神仙の巨匠と仰がれる陶弘景《とうこうけい》の門を叩き、彼から「仙経」一〇巻を授けられ、曇鸞は長生の法を会得した。長生の法を得た曇鸞は帰国の足を速め、首都・洛陽に着くと菩提流志に会い、仏教こそ真の教えであると諭され、『観経』を手渡された。回心した曇鸞は陶弘景から授かった「仙経」を焼き捨てると、浄土教に帰した。のちに曇鸞は東魏・孝静帝の興和四（五四二）年、病のために平遥の山寺で亡くなり、六七歳の生涯を閉じた。

中国仏教における曇鸞の功績

曇鸞の主著『往生論註』（以下、『論註』）の内容に入る前に、北魏末期の中国仏教界に果たした曇鸞の功績をまとめてみよう（藤堂［1995: 45–119］）。まずは、当時の仏教界の状況である。過去七仏思想によれば、七番目に出現したブッダは紀元前九四九年にすでに入滅し、その後は弥勒が出現することになっているが、それは遠い未来のことであると認識されていた。仏滅年代はともかく、インドにおける仏の系譜は中国でも正しく理解されていた。となると、当時の北魏は「無仏の世」ということになる。

また、中国には中華思想があったが、仏教の母国インドからみれば中国は辺境地に当たるため、道安は自らの国を「辺国／異国」と位置づけ、中華意識を喪失していった。つまり当時の中国仏教は、無仏の世という「時間的隔絶感」（さらに、ブッダに値遇できないという「人格的な隔絶感」）と、仏教の母国インドからは辺国であるという「距離的隔絶感」に苛まれていたのである。

これらの隔絶感にくわえ、鳩摩羅什が漢訳した『阿弥陀経』の影響もあってか、五濁悪世（劫濁・見濁・煩悩濁・衆生濁・命濁）という、社会的・精神的・生理的に乱れた時代認識も、当時の仏教界に暗い影を落とした。このような時代に、曇鸞は伝統的な仏教を実践することは困難であると判断する。「時（時代）」と「機（その時代を生きる人間の能力）」と「教（その時代を生きる人間の能力に相応しい教え）」との適合性を問題視してのことであった。

では、このような時代に曇鸞はいかなる仏教を求めたのか。龍樹の中観哲学に精通した彼の目指す仏教は空観を通しての不退転の獲得だったが、無仏の世や五濁の世でその実現は容易ではない。そこで曇鸞が依拠したのが龍樹『十住論』の「難行／易行」の分類であり、これに基づき、従来の自力難行道と訣別して他力易行道の道を選択した。つまり、曇鸞は無仏の世を超克すべく、時空を超越した阿弥陀仏への信仰を打ち立て、五濁悪世を克服するため、自力難行道から他力易行道という新機軸を打ち出したのだ。これによれば、阿弥陀仏に対する信や阿弥陀仏の名を称えるという「往生の因」に、阿弥陀仏の大願業力《だいがんごうりき》という増上縁《ぞうじょうえん》が「往生の縁」となり、極楽往生が可能になる。

ただし、生涯を通じて重大な罪を犯してきた極悪人が、臨終の十念で往生を遂げるというのは、伝統仏教の因果応報の業論に慣れ親しんだ人に大きな違和感を感じさせた。そこで曇鸞は「三在義（在心義・在縁義・在決定義）」を説いて、伝統的な業報思想を超克しようとしたのである（T. 1819, xl 834b25 ff.）。

（一）在心義：造罪の人は自らの虚妄なる見解に基づいて造罪するが、十念の者は善知識の方便により実相の法を聞くことによって十念する

（二）在縁義：造罪の人は妄想の心に基づき、煩悩の報いによって造罪するが、十念の者は無上の信心に基づき、阿弥陀仏の無量の功徳を具えた名号によって十念する

（三）在決定義：造罪の人は後があるという気持ちで雑念のある心によって造罪するが、念仏の者は後がないという気持ちで雑念のない心によって十念する

罪を犯した長い時間と臨終念仏の短い時間という時間の「長／短」ではなく、造罪の人と十

念の者とが基づく根拠の「虚／真」が「軽／重」を決定する真の要因であるとする。また、三在義のそれぞれに巧みな比喩が用いられている点にも注目しておこう。第一の在心義には闇室の譬え、第二の在縁義には毒箭の譬え、そして第三の在決定義には後心の有無の譬えが使われる。

（一）闇室：千年の間、光が入らなかった闇室に光が差し込めば、一瞬にしてその闇が破られるように、造罪の人が積み重ねた罪業は十念によって一瞬に除かれる

（二）毒箭：毒箭に中って筋が切れ骨が折れた人（造罪の人）でも、滅除薬を塗った鼓を打ち鳴らせば、その音（阿弥陀仏の名号）を聞いただけで、箭は抜け、毒も除かれる

（三）後心の有無：同じ時間を過ごすのでも、平常時には「まだ後がある」という甘えがあるが、臨終時には生の瀬戸際に立って「もう後がない」という緊迫した状態になる。つまり、臨終という非常時には平常時にはない力が発揮されるので、平常時に罪を造る心の働きと比べれば、臨終時に「救われたい」という一途な心の働きは質的に異なる

このように、自力によって覚りを開くという従来の「自力難行」の仏道体系に代わり、「他力易行」という新機軸を打ち出した点が、中国仏教あるいは中国浄土教における曇鸞の功績と言えるのではないか。

『論註』の位置づけ

曇鸞には三つの著作が存在し、その主著は『論註』だが、曇鸞は龍樹の中観仏教に精通していたので、その浄土理解にも中観仏教の空思想の影響が確認される。つまり、「龍樹の哲学的・宗教的実践を縦糸としつつ、天親の浄土思想を横糸として編み出されたのが『論註』である」（藤堂［1995: 72］）という点は常に意識すべきであろう。さらに、『論註』は『往生論』に訓詁的な字句の解釈を試みたというよりは、達意的に独創的な注釈を加えて撰述した論（藤堂［1995: 139］）である点も忘れてはならない。ではまず、『論註』の冒頭部分に注目する。

> 謹んで龍樹菩薩の十住毗婆沙を案じて云く。菩薩、阿毗跋致を求むるに二種の道あり。一には難行道、二には易行道なり。（中略）易行道とは謂わく、但だ信仏の因縁を以て浄土に生れんと願わば、仏の願力に乗じて便ち彼の清浄の土に往生することを得、仏力住持して即ち大乗正定の聚に入る。正定は即ち阿毘跋致なり。譬えば水路の乗船は則ち楽しきが如し（Ibid. 826a25–b10）。

世親の『往生論』を注釈するに際し、冒頭でいきなり龍樹の『十住論』を引用する。『論註』を含め、上記の曇鸞の著作に引用される経論には瑜伽行に関する書名は見当たらないので（幡谷［1989: 54–61］）、『論註』には世親的思想の欠如が予想され、これをもって小谷［2015: 60］は「『論註』の冒頭の語は、曇鸞が瑜伽行師世親の思想を充分に理解していないことを示すものであると考えられる」と言う。

また世親の浄土思想は、易行とは言えない止観の行を要請するところに特徴があったが、曇鸞は瑜伽行唯識の思想が充分に理解できておらず、また「達意的」と言えば聞こえがいいが、『論註』が訓詁的（逐語的）でないのは、自らの思考の核である中観思想で瑜伽行唯識思想に基づく『往生論』を注釈したことに起因する。

易行道とは仏の願力に乗じて往生し、不退転の位に入ることであり、この易行道を説くのが世親の『往生論』というのが曇鸞の理解だが、「世親の往生行に対する自力的な厳しい姿勢を見てきたわれわれには、まったく奇妙なことに思われるが、「五濁の世」「無仏の時」に生を受けた者としての絶望的な危機感を内に抱く曇鸞にとっては、唯一それを救い得るものとして龍樹によって提示された易行道のみが、往生行の規範を示すものと受け止められたのであろう」と小谷［2015: 63–64］は指摘する。とすれば、『論註』はますます中観思想の文脈で読み解かなくてはならなくなる。

曇鸞の理解する阿弥陀仏と極楽浄土

そのような中観的フィルターを通して理解した曇鸞の阿弥陀仏観をみてみよう。『中論』には世俗諦と勝義諦からなる二諦説が説かれているが、これを利用して、曇鸞は阿弥陀仏をはじめとする仏菩薩をつぎのように説明する。

　諸の仏菩薩に二種の法身あり。一には法性《ほっしょう》法身《ほっしん》、二には方便法身《ほうべんほっしん》なり。法性法身に由りて方便法身を生じ、方便法身に由りて法性法身を出す。此の二身は、異にして分かつべからず。一にして同ずべからず。是の故に広略相入して、統べるに法の名を以てす。菩薩、若し広略相入を知らずんば、則ち自利利他すること能わず（Ibid. 841b12–17）。

「広略相入」については後ほど取りあげるとして、両者の関係はさらにつぎのように敷衍される。

　実相は無相の故に、真智は無知なり。無為法身とは、法性身なり。法性は寂滅の故に、法身無相なり。無相の故に、能く相ならざることなし。是の故に、相好荘厳、即ち法身なり。無知の故に能く知らざることなし（Ibid. 841b22–25）。

訳：真実の姿は無相であるから、真実の智慧は〔分別を超えた〕無〔分別〕智であり、無為法身とは法性〔法〕身のことである。法性とは寂滅を意味するから無相であるが、無相であるからこそ、〔さまざまな〕姿をとることができる。だから、〔仏の身体的特徴である三十二〕相や〔八十種〕好、〔浄土の〕荘厳は、そのままが法身〔の現れ〕なのである。

中観の二諦説を応用して阿弥陀仏や浄土を理解すれば、本来的には阿弥陀仏も浄土も「空」にして「無相」となるが、これらが方便で有相と示される。法性法身は、法性という真理を覚った仏の智慧そのものを意味するが、仏伝におけるブッダの成道（智慧）から初転法輪（慈悲）に象徴的に示されているように、自内証の覚り（法性法身）は、必ず慈悲として展開する（方便法身）。

阿弥陀仏でいえば、四十八願を立て、修行の末に覚りを開いた阿弥陀仏の智慧が法性法身、そして四八の〝誓願〟が成就して〝本願〟となり、それが方便として衆生を救済する慈悲の働きとなったのが方便法身である。これを、大乗仏教になってから整備される「法身・報身・応身」の三身説でいえば、法性法身は法身、方便法身は応身に相当するとみてよい。

曇鸞の説く往生の因

このように、曇鸞は中観思想を駆使して阿弥陀仏や極楽浄土を解釈し、有相の背後に無相の阿弥陀仏や浄土を位置づけようとするが、ではその浄土に往生する方法や往生自体を曇鸞はどう考えたのか。

世親は五念門（とくに止観）の修習を往生の要件とするが、曇鸞はこの思想を受け継いでいるのか、あるいは違う立場を取るのか。まずは冒頭で、龍樹の『十住論』を引用し、難行道との比較において易行道を説明する箇所に、「易行道とは。謂わく、但だ信仏の因縁を以て浄土に往生せんと願わば、仏の願力に乗じて、便ち彼の清浄の土に往生することを得」（Ibid. 826b7–8）と明記されている。つまり、「阿弥陀仏を信じ、往生を願うこと」が往生を可能にするという。

『論註』巻上の総説分の最後では、五念門中の廻向門を注釈する箇所に注目する。『往生論』の第二四偈「我れは論を作り偈を説けり。願わくは弥陀仏を見、普く諸の衆生と共に、安楽国に往生せん」（Ibid. 833c15–16）を注釈する中、この「諸の衆生とは誰を意味するのか」という問いに対し、曇鸞は『無量寿経』の「諸有の衆生、其の名号を聞き、信心もて歓喜せんこと乃至一念し、至心に廻向して彼の国に生ぜんと願わば、即ち往生を得て不退転に住す。唯だ五逆と正法を誹謗するを除く」（Ibid. 833c24–26）を根拠に、「此れを案じて言う、一切の外凡夫人は皆な往生を得」（Ibid. 833c26–27）と解釈する。つづいて『観経』下下品の記述を根拠に、「下品の凡夫、但令し正法を誹謗せざれば、信仏の因縁もて皆な往生を得」（Ibid. 834a13–14）と理解する。

つぎに『論註』巻下の解義分では、第二節「起観生信」において、『往生論』で重視される第三作願門の「奢摩他」を注釈し、「奢摩他」が「止」と訳されることに三つの意味を認める。つまり「一切の悪の抑止」「身口意の悪の抑止」そして「声聞・縁覚の覚りを求める心の抑止」

であり、「この三種の止は、如来の如実の功徳より生ず」(Ibid. 836a2–3) と解釈される。止観の「止 (śamatha)」とは本来、「心を教えられた物事 (法) に集注すること」であるが、そのような瑜伽行的解釈は無視され、新たな解釈が施されている。また、その「止」自身も、『往生論』のように自力で起こすものではなく、「如来の如実の功徳から生じる」と再解釈される。

同じく解義分の第三節「観察体相」では、一七の国土荘厳を注釈し終わった最後の箇所で、「若し人、無量生死の罪濁ありと雖も、彼の阿弥陀如来の至極無生の清浄なる宝珠の名号を聞き、これを濁心に投ずれば、念々の中に罪滅し、心は浄くして、即ち往生を得」(Ibid. 839a25–28) とも言う。そして最後には阿弥陀仏の (本) 願力が随処で強調されている。

これから明らかなように、世親が『往生論』で展開した、止観を中心とする瑜伽行唯識の自力的側面はすっかりと削ぎ落とされ、代わって信仏や聞名などが往生の因として顔を出すが、これらは皮肉にも世親が「別時意説」で否定した内容に他ならない。また五念門の実践も、自力で行うのではなく、阿弥陀仏の願力を増上縁として行われることが理解されよう。

このように変容したのは、曇鸞が瑜伽行唯識の教理を理解していなかったこともあるが、曇鸞が生きた時代背景を考慮すべきであろう。彼の時代観は「無仏の世」「五濁悪世」であり、これを克服するには、従来の自力解脱型の仏教ではなく、他力救済型の新たな仏教が必要だったので、自力と他力の混合からなる『往生論』から自力の要素を排除し、純粋な他力の立場で『往生論』を解釈しなおしたと考えられる。藤堂 [1995: 166–167] はこれを、「天親菩薩によって瑜伽行に基づいた奢摩他（止）、毘婆舎那（観）という高度な実践内容を持つ願生行として打ち立てられた五念門は、註主によって一生造悪の者を含めた「外の凡夫」が実際に行うことのできる願生行に展開させた」と言う。

この後みるように、五念門は中国の浄土教家によってさらに新たな解釈が加えられ、「曇鸞に端を発した五念門釈の内容は、往生浄土の実践行法として中国社会に展開し、わが国の浄土教家の上に大きな影響を与えるにいたった」（藤堂［1995: 167］）。このようにインド撰述の世親の『往生論』は中国に将来され、漢訳されて曇鸞の解釈を経ることにより、自力的要素は排除され、日本人に馴染みの深いの浄土教へと変貌を遂げる大きな一歩を踏み出したのである。

二　道綽——聖道門と浄土門

道綽の生涯

曇鸞に続き、中国浄土教を考える上で重要な人物は道綽（五六二～六四五）である。まずはその生涯を概観しよう（牧田［1995］）。道綽の生涯には不明な点が多いが、出身地が并州であることで伝記史料は共通する。彼が一四歳で出家したときの師匠は不詳だが、師僧は涅槃経に基づく涅槃学を専らにしていたようで、道綽もその影響を受け、涅槃学を自身の教旨とし、研鑽を積んだ。また後には慧瓚《えさん》（五三六〜六〇七）に師事し、彼のもとで空理を学んだとされる。

中国や日本の浄土教は末法思想との関わりが深いが、道綽の場合はどうだったのか。従来の研究では、道綽を末法思想に結びつけた大きな宗教体験は、廃仏に出会ったことであると考えられている。つまり、北周武帝の廃仏に末法・法滅の世の到来を感じ、後に道綽は末法思想家としての道を歩む契機となったという。牧田はこれを認めながらも、北周の廃仏理由と末法思想の係わりについて、政治権力による仏教教団弾圧は〝外圧〟の問題であるが、問題は〝内〟にもあったとする。

北周武帝の廃仏が教団内部の僧侶による告発から始まったことを考えるなら、教団の不正な蓄財や僧侶の不品行など、末法の背景には当時の仏教教団の腐敗ぶりをも射程に入れなければならない。末法到来の時期に隋の文帝による仏教保護政策などにより中国仏教が興隆したという事実は、外圧的仏教弾圧が必ずしも末法意識に結びついていくものではないことを証明している。とすれば、末法思想の流行の本質を廃仏などの外面的事実だけに求めるのではなく、仏教界および信仰者の内面に求めていく必要がある。

さて、道綽は浄土教家とは別の顔、すなわち「禅師《ぜんじ》」の顔を持つ。「禅師」とは「習禅の法師」の意だが、当時の中国浄土教の常識では、浄土の観相と禅定とは同一線上の事項であった。精神統一して禅定に入ることで浄土を観相し、仏を観ることが可能になる。今日の中国仏教においても、優れた念仏者は禅師でもあるという。

教相判釈

ここで、中国仏教に特徴的な教相判釈《きょうそうはんじゃく》を説明しておく。というのも、日本の浄土教を考える上で、道綽が提唱した「聖道門／浄土門」という教相判釈（仏教の分類）は極めて重要だからだ。最初は口伝（話し言葉）で伝承された初期仏教の経典は紀元前後になると、文字（書き言葉）で伝承されるようになる。さらには、紀元前後に誕生した大乗仏教徒も新たに経典制作活動に勤しんだため、初期経典に加え、大乗経典も大量に創作された。大乗経典の場合、何度か書き改められることもあり、同じ経典でもバージョンの違うものが複数存在することもある。さらに仏教徒たちは初期経典や大乗経典に注釈を加えた文献を創作したが、大乗の論書には必ずしも経典を注釈せず、自らの仏教教理の理解を綴るものも出現した。

こうしてインドには、初期経典、大乗経典、律文献、論書など、膨大な文献資料が創作されていったが、これらの文献は歴史を無視して中国にもたらされ、漢訳された。受け入れる中国人からすれば、内容がバラバラの経典が順不同で入ってくるので、それを何らかの基準で整理する必要があった。この経典の整理が「教相判釈（経典の内容（相）を判断し解釈すること）」であり、中国における特殊事情である。

教相判釈でもっとも有名なのは天台大師智顗《ちぎ》の「五時八教の教判」であり、智顗は諸経の中で『法華経』を最高の経典と位置づけたが、浄土教を考える上では、道綽が考案した「聖道門／浄土門」という分類が重要だ。道綽はインド将来の膨大な大乗経典を、自力で覚りを開くことを説く経典（聖道門）と、他力で救済されることを説く経典（浄土門）に分類し、浄土門の価値を称揚した。法然も『選択集』の中で、これに基づき仏の教えを選択している。教相判釈は単に経典を分類するだけではなく、経典の優劣や深浅を判定する作業であり、数ある経典の中から、自分なりに価値ある経典を選択するため、経典に価値判断を下す作業でもあった。

『安楽集』概観

では、その聖道門と浄土門という教相判釈が説かれる道綽の主著『安楽集』をみていこう。この書は中国ではいつの頃からか失われ、日本にのみ写本と刊本が伝わるだけであった。『安楽集』は道綽自身が筆記したかどうかは不明だが、『観経』の講義録的性格を持つ書であり、『観経』の厳密な注釈ではないが、『観経』を中心として安楽浄土の教義を提起し、解明したものである。また本書著述の目的について、牧田［1995: 279］はこう説明する。

隋代に入ってから、さまざまな仏教者によって浄土についての議論が盛んに行われた。道綽は彼らの浄土に対する議論に納得することなく、道綽自身の宗教的見地に立った浄土思想を説き、往生を勧める必要があったのであろう。だから大乗仏教の本質と浄土思想とを合致させ、さまざまな仏教者の浄土信仰に対する疑問を論破し、その上で人々に浄土の素晴らしさを説いたのである。

この他にも牧田は、「道綽は自説を助ける経論を、時には自分の思想に合致するように改変しながら、引用する」という、本書を考える上でも重要な指摘をしている。このような要素も、伝播の過程で仏教が変容を遂げる要因となりうると考えてよい。また同様に、『安楽集』著述の目的および背景を、千賀［1994: 109］はこう説明する。

この時代には伝訳の時代を通過して隋唐に展開する新気運があり、さまざまな学匠が活躍した。智顗の著『摩訶止観』の常行三昧には阿弥陀仏が説かれているし、吉蔵は『無量寿経』や『観経』の註釈書を著したが、いずれも聖道門から浄土教の解釈をなし、浄土教の建前である曇鸞浄土教の真実が隠没する事態となった。そこで道綽は宗教的な曇鸞浄土教の真実を発揮しようと努力し、『観経』を研修し、『浄土論註』を探求して、浄土教学を『安楽集』に論述した（取意）。

阿弥陀仏や極楽浄土といえば、浄土門（あるいは易行道）の仏教と機械的に判断してしまうが、それは時代的に新しい鎌倉浄土教という視点から、時代的に古いインドや中国の浄土教を解釈するという誤りに基づく。阿弥陀仏信仰は浄土三部経という狭い枠に閉じこめられていたのではなく、多くの大乗経典で広く説かれ、当時のインドではかなり一般的に流布していた(Schopen [1977])。したがって中国においては、聖道門的立場からも浄土教信仰は理解されたようで、そのような時代背景も、道綽に『安楽集』を著述せしめる要因になった。

『安楽集』の説く阿弥陀仏と極楽浄土

本書に道綽の主張が含まれることは確かだが、その主張は問いに答える形でなされることが多く、時にはその主張を裏づけるために経や論の文章が引用される。つまり、『安楽集』の構成内容は、(一)問い(当時の仏教者の立場を表明した部分)、(二)答え(道綽自身の思想を表明した部分)、そして(三)引用(自分の主張を裏づける経や論の文章)という三部に大別でき、この区別を意識しておかないと、それがどの立場からなされた主張かがわからなくなる。それから、道綽は慧瓚に師事して空理を修めたので、彼の浄土教理解の根底には中観思想があることも、ここで確認しておこう。

ではこれを踏まえ、正報と依報である阿弥陀仏と極楽浄土が、『安楽集』でどう説かれているのかをみていくが、本書では正報と依報の両者がセットで論じられている。曇鸞以降、阿弥陀仏と極楽浄土の存在は種々議論され、さまざまな見方があったと考えられるが、その一つに両者を三身説の化身(=応身)・化土とする見方があった。それを道綽は間違いだと見なし、報身・報土であると指摘する。

法身・報身・応身の三身説については多様な定義があり、定義の仕方によってその意味内容が異なるので注意が必要だが、少なくとも道綽は「成仏するのが浄土か穢土か」という基準で報身と化身を分けるので、阿弥陀仏は報身ということになる。「化身」の「化」という表現が「仮に」という、本質を欠いた印象を与えるので、道綽はこれを否定したのであろう。

この法身（法土）と報身（報土）・化身（化土）との関係を、道綽は、「法身は日の如く、報と化は光の如し」（T. 1958, xlvii 6b10–11）、あるいは「無量寿国は即ち是れ、真より報を垂る国なり」（Ibid. 6b19–20）とし、太陽とその光の譬えで説明する。阿弥陀仏の本体は法身であり、その法身とは「如来の真法身は、色無く形無く、現無く著無く、見るべからず。言説無く住処なく、生無く滅無し。是れを真法身の義と名づくなり」（Ibid. 5c27–29）としか表現できないものである。この形而上の法身を本体とし、阿弥陀仏の報身と化身とが形而下に出現する（報身は浄土に、化身は穢土に）。

この法身と報身は、「無相／有相」という観点からも議論され、浄土には機根の上下にかかわらず、凡夫も聖人もともに往生できるとする。聖人は無相を修して往生し、凡夫は有相（阿弥陀仏や極楽の具体的な形）をとらえて往生を求めるが、それでも往生は可能であると道綽は考える。ただしその場合、凡夫は有相の浄土に生まれ、報身という有相の阿弥陀仏を見るに留まる。しかし、その有相の浄土と有相の阿弥陀仏は、本来的な無相の浄土と無相の阿弥陀仏に連絡していると道綽は説く。その根拠は曇鸞の法身説、すなわち「方便法身・法性法身」の考え方である。

（『論註』からの引用だが、出典を明記せず）法性法身に由るが故に方便法身を生ず。方便法身に由るが故に法性法身を顕出す。この二種の法身は異にして分かつべからず。一にして同ずべからず。（中略）無為法身とは即ち法性身なり。法性寂滅なるが故に法身無相なり。法身無相なるが故に則ち能く相ならざる無し。是の故に相好荘厳即ち是れ法身なり（Ibid. 7a11–17）。

中観の二諦説に基づく法性法身と方便法身（＝報身・化身）は不一不異であり、方便法身を「方便」として、凡夫も法性法身へと導かれる。方便の原語はupāyaであるが、これはupa√i（近づく／到着する）から派生した名詞なので、それを媒体（方便）として「（真理に）近づくこと／到着すること」を意味する。「嘘も方便」と言うが、方便は真理とつながってはじめて方便となりうるので、真理に導かない嘘は「たんなる嘘」でしかない。方便が「巧みな手だて」と訳される理由はここにある。

これをふまえて牧田［1995: 317］は、「この二諦の論理は、無相という真理と相を取っての往生との関係を論ずる道綽の基本となる。すなわち相を取っての往生もまた無相の真理につながるものであるとする道綽の根本理解が示されている」と指摘する。浄土教は凡夫のための教えと考えがちだが、道綽によれば、浄土教は凡聖関係なく往生する普遍的な教えであり、聖者は無相を縁として直ちに真理に到達するが、凡夫は有相を縁とし、有相の浄土に往生して有相の阿弥陀仏に見え（世俗諦）、その後、無相の真理（勝義諦）へと導かれる。

往生の方法

道綽が「禅師」と呼ばれ、また『安楽集』が『観経』を中心として安楽浄土の教義を提起し解明したとすれば、おのずと彼が考えた往生の方法は「観仏三昧（＝念仏三昧）」である。この立場は『安楽集』で、「今、此の観経は観仏三昧を以て宗と為す。もし所観を論ずれば、正依二報に過ぎず」（Ibid. 5a26–27）と表明される。この観仏三昧は、聖道門の説く「理観《りかん》（抽象的真理を対象とする観法）」ではなく、正報（阿弥陀仏）と依報（極楽浄土）とを観察（念）の対象とする「事観《じかん》（具体的な姿を対象とする観法）」であることが強調されている（千賀［1994: 112］）。

これを承け、第四章（念仏三昧による浄土往生）において念仏三昧が詳説される。ここではさまざまな経文を引用し、道綽は八種の三昧を紹介しているが、最初の二つは一相三昧（＝一行三昧）、後の六つは念仏三昧である。このように禅師である道綽の基本的立場は観仏（念仏三昧（あるいは単に念仏）であることは間違いない。これ以外にも念仏（三昧）に言及する箇所は多い。しかし、その一方で、「称名」にも少なからず言及している点に注意しなければならない。冒頭の第一章では、こう説かれる。

計るに、今の時の衆生は即ち、仏、世を去りて後の第四の五百年に当る。正く是れ懺悔し福を修し、応に仏の名号を称すべき時の者なり。若し一念阿弥陀仏を称すれば、即ち能く八十億劫生死の罪を除却す。(中略)如し聖を去ること已に遠ければ、則ち後の者は称名是れ正なり(Ibid. 4b16–22)。

このように、末法(=後の第四の五〇〇年)において相応しい行として、称名を挙げる。このほかにも称名に言及する用例は、つぎのとおりである。

(道綽の主張)或いは仏の法身を念じ、或いは仏の神力を念じ、或いは仏の智慧を念じ、或いは仏の毫相を念じ、或いは仏の相好を念じ、或いは仏の本願を念ず。称名も亦た爾なり。但だ能く専至相続して断えざれば、定んで仏前に生ず(Ibid. 11b7–10)。

(『論註』からの引用だが、出典を明記せず)彼の下品往生の人は法性の無生を知らずと雖も、但だ仏名を称する力を以て往生の意を作して彼の土に往生せんと願わば、既に無生の界に至る(Ibid. 11c28–12a1)。

しかしながら称名は、このように単独で用いられるよりは、念仏（及び十念）との関係で説かれることの方が多いのである。では念仏と称名とはいかなる関係にあるのか。

念と称の関係

法然は念仏を称名と同一視し、観想念仏と区別するために「称名念仏」とも表現するが、本来、両者は別物である。『安楽集』でもその態度は変わらないが、まったく別物でもない。では、この十念（念仏）と称名の関係は、『安楽集』でどう説かれているのか。その用例を列挙してみよう。

- 道綽の主張：弥陀の名号を称して安楽国に生ぜんと願じ、声声相次いで十念を成ぜしむなり（Ibid. 11b26–27）。
- 『無量寿経』の引用：命終の時に臨んで十念相続して我が名字を称せんに（『無量寿経』の原文は「乃至十念」）、若し生ぜずんば正覚を取らじ（『無量寿経』の第十八願が『観経』の下下品によって解釈されている）（Ibid. 13c12–13）。
- 『文殊《もんじゅ》師利《しり》所説《しょせつ》摩訶《まか》般若《はんにゃ》波羅蜜《はらみつ》経《きょう》』の引用：心を一仏に繋けて専ら名字を称して念ずるに休息無かるべし。即ち是の念の中に能く過現未来三世の諸仏を見る（Ibid. 14c26–27）。
- 『鼓音声王《くおんじょうおう》陀羅《だら》尼経《にきょう》』の引用：能く正しく彼の仏の名号を受持して、其の心を堅固にして憶念して忘れざれ。十日十夜、散乱を除捨し、精励に念仏三昧を修習して、若し能く念念に絶えざらしむれば、十日の中に必ず彼の阿弥陀仏を見るを得て、皆往生することを得(Ibid. 17a4–8)。

これらの用例から、称名が念仏の補助的〔導入的〕な行として機能していることがわかる。念仏〔三昧〕は高度な行であり、誰でも実践できるわけではない。ここで紹介した最初の用例は「聖なる教えを聞いても発心せず、臨終の間際になってから修念しようとするのはどうか」という問いに答えたもので、その前段には「十念相続は難しい。というのも、凡夫の心は常に散乱し、定まることがないので、あらかじめ信心を発こし、剋念せよ〔取意〕」とあるからだ。

一方、称名は口に阿弥陀仏の名を出して称えるだけなので実践しやすい。道綽の実践は、有相が無相につながり、報身が法身に連絡することを基本にするので、その方向性は「易」を方便とし「難」に至るという特徴が指摘できる。とすれば、十念あるいは念仏〔三昧〕は称名を方便〔導入の行〕として実践されたと考えられる。その順番は必ず称名が念仏〔憶念〕に先立つ。阿弥陀仏の名号を称えることで、十念が成就しやすくなるのである。ここに『十住論』の称名思想で確認した称名と念仏の関係が継承されているのが確認できよう。

また『安楽集』には「称」と「念」とを合わせ、「称念」という表現も見られるが、順番は「称が先」で「念が後」である。道綽の浄土教には、中観の二諦説に基づき、本来的な立場を常に意識しながらも、末法という時代に即した教えとして浄土教をおさえ、誰でも実践できる易行（世俗諦）を方便として、仏教本来の境地（勝義諦）に帰入せしめるという基本的な立場が見てとれる。

三　善導――中国浄土教の大成

善導の生涯

善導の出生年代を記す資料はないが、入寂年（六八一）と年齢（六九歳）を確定することで、出世年次（六一三）が確定され、現在ではこれが定説となっている。出生地には、泗州（現在の安徽省泗県）説と臨淄（現在の山東省臨淄県）説とがあるが、後者の方が有力視されている。

善導の求道については、廬山の慧遠の跡を訪ね、般舟三昧を修めると、その後は長安の南にある終南山の悟真寺に赴き、そこに数年留まって観想に励んだとされる。後に善導は山西の玄中寺を訪れ、道綽門下に入った。その時期については、善導が二六歳から三三歳までの足かけ八年間と想定され、このとき道綽は七七歳から入寂までの八四歳ということになる。

その後、善導は玄中寺を後にし、長安の都に向かった。長安での善導の教化は三〇年以上に及び、その活動状況を編年史的には辿れないが、光明寺で説法を始めてからその活動は極めて活発であり、浄土念仏の教えは長安の人々の間に急速に広まった。彼の著作がいつ頃までに著されたかは不明だが、長安で教化活動を続けるかたわら完成したと考えられている。

しかし、彼の教化活動は長安に限定されなかった。善導は六〇歳のときから少なくとも三年ほど洛陽に出かけた。というのも、彼は龍門の大盧舎那仏造営の検校僧になったからだ。この大仏造営は皇帝の高宗および皇后武氏発願・勅命による国家事業だったので、善導はこのような国家事業で重要な役割を果たすことにより、長安の内外で浄土念仏の教えをよりよく宣布しようとする意図があった。善導六七歳、入寂の一年半ほど前のことである。そして翌年、善導は六八一年三月に六九歳で入寂した。

善導の著作

善導の著作がそれぞれいつ、どの順番で著されたかはまだ明らかになっていないが、曇鸞や道綽と違って、善導はかなりの著作を残している。一般に彼の著作は「五部九巻」と呼ばれるが、それを示せば以下のとおりである（藤田［1985: 175–185］）。

（一）『観無量寿経疏』（＝『観経疏』）四巻
（二）『法事讃《ほうじさん》』二巻
（三）『観念法門《かんねんほうもん》』一巻

（四）『往生礼讃《おうじょうらいさん》』一巻
（五）『般舟讃《はんじゅさん》』一巻

『観経疏』は『観経』の注釈書であり、善導浄土教の思想体系を著したもので、これを「解義分」あるいは「教相分」という。一方、他の四部五巻は主として浄土仏教の宗教的な行法・儀礼を明らかにしたもので、これを「行儀分」と呼ぶ。『観経疏』四巻の内容を簡単にまとめおこう。

第一巻「玄義分」：『観経』の深遠な意義を明かす部分であり、『観経』の本文を注釈するに先立って、本経の中心思想を明らかにしたもの。善導浄土教の総論にあたる

第二巻「序分義」：『観経』の序文（冒頭から十六観の直前までの部分）に対する注釈部分

第三巻「定善義」：「定善」とは心を統一して行う善行の意味で、『観経』十六観のうち最初の十三観を定善とし、それを注釈した部分

第四巻「散善義」：「散善」とは平常の散乱した心のままで行う善行の意味で、『観経』定善の十三観に続く三観（九品往生）を散善とし、それを注釈した部分

また『法事讃』は『阿弥陀経』を読誦しながら、仏の回りをゆっくり歩いて浄土往生を願う法会の儀式を讃歎した書である。『観念法門』は三段からなる。第一段は、『観経』や『般舟三昧経』によって観仏三昧や念仏三昧の法を、また道場内での懺悔・発願の法を明かし、第二段は経によって五種の増上縁を明かし、第三段は三つの問答を設けて、浄土の教えを信じない者が受ける罪報や、信じて修行する者の功徳や懺悔滅罪の方法について述べる。

『往生礼讃』（略名は『六時礼讃《ろくじらいさん》』）は、一日を日没・初夜・中夜・後夜・晨朝・日中の六時に分け、各時に讃偈を配し、浄土往生を願ってこれを唱え、至心に阿弥陀仏に帰命し、礼拝・懺悔する実践法を述べたものだが、この六時礼法の本文の前後に前文と後文があり、前文には善導の教学思想が簡潔に述べられ、後文には六時礼讃の得益が示されている。最後の『般舟讃』は七言の讃偈三七篇より成る本文と、その前後に短い前文と後文を付した三段で構成されている。

指方立相

善導は、阿弥陀仏や極楽浄土をどうとらえたのだろうか。「玄義分」をみると、善導は道綽と同じく、阿弥陀仏と極楽浄土を「報身・報土」と理解する。その根拠として『大乗同性経《だいじょうどうしょうきょう》』の「西方安楽の阿弥陀仏は是れ報仏報土なり」をあげ、また『無量寿経』を引きながら、法蔵比丘が四十八願を立て（願）、修行した結果（行）、成仏したのであるから、これは「因に報いて現れた身（酬因之身）」であるとする。さらには『観経』の上輩の三人には、命終のときに「阿弥陀仏及び化仏と与にこの人を来迎す」とあるが、阿弥陀仏が化仏であれば、化仏が化仏を伴って来迎するという矛盾に陥るので、阿弥陀仏は報身であるというのが善導の主張だ。

さて、善導の極楽浄土観で重要なのが「指方立相」という考え方である。当時の仏教界では、唯識的（あるいは唯心的）な無形の浄土が一般的に認められていたが、善導はそれに異を唱え、観想の対象となる浄土は具体的な有形の浄土であるとする。凡夫はただでさえ精神を集中するのが難しいのに、形を離れた無相の浄土など観想の対象にできるはずがないからだ。

善導自身、阿弥陀仏の本質を法身、また極楽も本来的には「無為涅槃界」（『法事讃』巻下）であると理解するが、それでは凡夫の認識対象とはならない。だから、凡夫のために方角を具体的に「西」と定め、またそこに具体的な姿を持つ有形の浄土を仏は示されたとするのが善導の立場である。宗教的エリートではなく、凡夫という最低の人間でも実践でき、またそのような人間が救済される仏教を善導は目指したのであり、凡夫の目線に合わせた善導の仏教観が「指方立相」に如実に表れている。

「称名と念仏」から「称名が念仏」へ

指方立相もさることながら、善導浄土教の最大の特徴は「称名を念仏」と解釈したことにあり、これが後代、法然浄土教の誕生に大きく貢献した。称名思想は善導以前にも説かれてきたし、それは仏教の本国インドでさえ確認できる行であった。そして中国浄土教になると、称名と念仏は次第に接近し、称名は念仏の加行として、あるいは念仏の導入的な行として機能したが、善導はこの距離を一気に縮め、というか同一視し、「称名＝念仏」という大胆な解釈を行ったのである。

つまり、それまでは「称名と念仏」という関係であったのが、「称名が念仏」になったのである。その用例を『観経疏』「玄義分」から紹介しよう。さきほど、善導が阿弥陀仏や浄土を報身報土ととらえる用例を紹介したが、その傍証として『無量寿経』の第十八願を引用する。その引用文の内容に変化が見られるので、両者の違いを確認する。

> 『無量寿経』：設我得仏　十方衆生　至心信楽　欲生我国　乃至十念　若不生者　不取正覚（設い我仏を得たらんに、十方の衆生、至心に信楽して我が国に生ぜんと欲し、乃至十念せんに、若し生ぜずんば正覚を取らじ）（T. 360, xii 268a26–27）
>
> 『観経疏』の引用：若我得仏　十方衆生　称我名号　願生我国　下至十念　若不生者　不取正覚（若し我仏を得たらんに、十方の衆生、我が名号を称して我が国に生ぜんと願い、下は十念に至らんに、若し生ぜずんば正覚を取らじ）（T. 1753, xxxvii 250b16–17）

圏点部分に注目すれば、『無量寿経』の「至心信楽」は『観経疏』で「称我名号」に置き換えられ、「称名」が突如として第十八願に顔を出す。しかし、これだけでは「称名」と「十念」は並列の関係にあり、「称名＝念仏」を主張するには弱い。そこで、善導が著した他の資料に注目する。用例は『観念法門』と『往生礼讃』から。ここでも『無量寿経』第十八願を引用するが、そこにはつぎのような読みかえがみられる。

『観念法門』：若し我、仏を成ぜんに、十方の衆生、我が国に生ぜんと願い、我が名字を称して下は十声に至らんに（称我名号下至十声）、我が願力に乗じて、若し生ぜずんば正覚を取らじ（T. 1959, xlvii 27a17–19）。

『往生礼讃』：若し我、仏を成ぜんに、十方の衆生、我が名号を称して下は十声に至らんに（称我名号下至十声）、若し生ぜずんば正覚を取らじ（T. 1980, xlvii 447c24–25）。

「我が名字を称して」の新たな付加に加え、「乃至十念」を「下至十声」と読みかえている。ここに至って完全に称名は念仏と同一視され、「称名＝念仏（称名が念仏）」という新たな念仏観が樹立された。ほかにも同様の読みかえは善導の著書の随処にみられ、藤田［1985: 116］はこれを「善導はまた『阿弥陀経』や『般舟三昧経』の経文を引用し解釈する際にも「専念」「称」「称念」「十声」「一声」「口称」など経文にない語句を補って読みかえている。（中略）善導にとっては、念仏の「念」と「声」「称」は同義であり、それゆえに「称念」の語を用い、それを「専念」とも「専称」ともいい、かくして念仏すなわち称名という理解を確立しようとしたのである」と指摘する。

見仏体験の意味するもの

ただし、称名念仏が往生行として選ばれ、見仏や観仏が往生の条件とされなかったとしても、善導自身は「三昧発得《さんまいほっとく》の人」と見なされ、見仏三昧や観仏三昧を体験していたと思われる。藤田［1985: 133–144］によれば、善導が『観経』の定善十三観に即してさまざまな観想体験を得ていたことは『観経疏』の記述から推測され、称名念仏に加え、善導は見仏の功徳も説く。そして最後に藤田は、「このような見仏の神秘体験をもつ善導・法然によって中国・日本の浄土教が確立したという事実は、やはり見落としてはならぬことであろう」と結ぶ。

凡夫に実践可能な行は称名念仏としながらも、念仏を不断に実践すれば、結果としてそのような神秘体験をしても不思議ではないし、そのような神秘体験が浄土の存在をますます彼らに確信させたことは想像にかたくない。法然に「三昧発得の人」と言われた善導は、その主著『観経疏』を閉じるにあたり、「此の義、已に証を請ふて定め竟んぬ。一句一字も加減すべからず。写さんと欲する者、一《もっぱ》ら経法の如くすべし。応に知るべし」（T. 1753, xxxvii 278c25–26）と結んでいるが、善導にすれば、これは自分の思いを自由に著したというより、三昧による見仏という霊験を通し、法（真理）が善導を通して文字化されたという確信があったのではないか。

その意味で『観経疏』は「論書」ではあるが、「経法」の側面も有していた。経典は基本的に「仏説」でなければならないが、初期経典中には、ブッダ自身の言葉でないものを経典（＝仏説）とみなしうる基準として、（一）弟子が説いたものをのちにブッダが承認したもの、（二）説法する前にブッダが承認して説かせたもの、そして（三）その説法に「霊感（pratibhā）」が認められるもの、という三点が存在する（MacQueen [1981–82]）。

これを適用すれば、『観経疏』には（三）の基準が適用されよう。また『増支部』には「何であれ、善く説かれたものは、すべて世尊・阿羅漢・如来の語である」という有名な経文がある。何を善く説いたのか。それは真理（理法としてのダルマ）であり、真理をうまく表現していれば、それは仏説とみなせることになるが、これについては終章において再度、取りあげることにする。

行の仏教から信の仏教へ

インドに起源を有する浄土教の流れも、時の経過とともに「行」としての側面は後退し、中国の善導にいたって「称名念仏」の一行にまで純化されていくが、それに代わって「信」の要素がかなり強まってくる。まさに〝行の仏教〟から〝信の仏教〟への脱皮である。そこで、善導浄土教における信の問題を「安心《あんじん》（三心）」という視点から考えてみよう。『観経』上品上生段に「若し衆生ありて、彼の国に生ぜんと願う者、三種の心を発さば、即ち往生す。何等をか三と為す。一者は至誠心、二者は深心、三者には廻向発願心なり。三心を具する者は必ず彼の国に生ず」とあることを根拠に、善導はこの三心が極楽往生に必要であり、一心でも欠ければ往生できないと理解する。

しかし注意を要するのは、これが上品上生段のみで説かれており、他の段では説かれていないということだ。善導は上品上生段のみで説かれている三心を九品すべての凡夫に必要な心構えと解釈しなおしたのであり、これも善導独自の解釈である。『観経』は三心を列挙するのみだが、善導は『観経疏』「散善義」で自身の解釈を開陳する。よって三心の説明はあくまで善導の〝解釈〟に基づくものであり、〝経典〟に典拠はない。ではその三心を善導はどう解釈したのか。まず、至誠心とは「内と外とが一致した真実の心」と定義する。

つぎの「深心」とは、「深く信じる心」であり、何を深く信じるかというと、一つは自分が自力では解脱できない罪悪生死の凡夫であること（信機／機の深心）、もう一つはそのような自分が阿弥陀仏の願力で往生できるということである（信法／法の深心）。この二つはセットであり、阿弥陀仏という他力によって救済されるには徹底的に自分の自力を否定することが必要になる。自分の自力の限界を知り、それに絶望することが、阿弥陀仏の願力を素直に受け入れる素地となる。よって、自力の可能性を少しでも認めている間は、阿弥陀仏の願力を心の底から受け入れることはできない。

最後の「廻向発願心」は、自分や他者が修めた善根をすべて極楽浄土への往生に廻し向け、そこに往生したいと願う心を意味する。では、三心の関係はどうか。法然の『三部経大意』も踏まえながら、藤田［1985: 147］は深信が三心の中心となるとし、「「至誠心」は深信のあるべき様相としての真実の心であり、「廻向発願心」は深信による帰結としての願生の心であるから、この三心は結局、深信に凝縮される」と指摘する。この三心は、『往生礼讃』で説かれる浄土往生の三要件である「安心／起行《きぎょう》／作業《さごう》」の中の安心について語られるものでもあるが、他の二つについても簡単に触れておこう。

「起行」は安心に基づく実践を意味し、世親が『往生論』で示した五念門をこれにあて、『往生礼讃』で各項目を説明する。その順番は『往生論』が（一）礼拝門、（二）讃歎門、（三）作願門、（四）観察門、（五）回向門であるのに対し、『往生礼讃』は（一）礼拝門、（二）讃歎門、（三）観察門、（四）作願門、（五）回向門とし、三番目と四番目の順番が入れ代わっている。

善導はこの五念門の一部は継承し（礼拝・讃歎〔供養〕・観察）、一部は新規の項目を追加して（読誦・称名）、五種の「正行」という新たな実践行を誕生させた。その内容は、（一）読誦（浄土三部経を読誦する）、（二）観察（阿弥陀仏を観察する）、（三）礼拝（阿弥陀仏を礼拝する）、（四）称名（阿弥陀仏の名号を称える）、そして（五）讃歎供養（阿弥陀仏を讃歎し供養する）である。善導は一切の行を正行と雑行とに分け、阿弥陀仏に関わる行を正行《しょうぎょう》、それ以外を雑行《ぞうぎょう》と位置づける。そして正行の中でも（四）の称名こそが「正定業《しょうじょうごう》」であり、それ以外の正行は正定業の「助業《じょごう》」（補助的な業）とする。

「作業」とは起行を修める際の態度を意味し、具体的には「四修《ししゅ》」を指す。四修とは、（一）恭敬修《くぎょうしゅ》（阿弥陀仏およびその聖衆を恭敬し礼拝すること）、（二）無余修《むよしゅ》（余分な行を交えず、浄土往生の行のみを修めること）、（三）無間修《むけんしゅ》（間断なく、浄土往生の行を修めること）、そして（四）長時修《じょうじしゅ》（浄土往生の行を命が尽きるまで継続して修めること）である。こうして、安心は三心、起行は五念門、作業は四修を内容とすることが理解された。

懺悔

善導浄土教の特徴は「懺悔《さんげ》」にある。中国に仏教が伝来し、五〇〇年ほどが経過すると、中国仏教は末法史観の影響を受け、浄土教を発展させた。曇鸞も道綽も末法という時代的危機意識を肌身に感じながら、浄土教にその救いの道を見出したのは確かだが、その末法に生きる劣悪な人間、その人間の中に自分も含まれているという自己省察（自分が凡夫である）の意識は希薄だったように思われる。

しかし、善導は九品すべての人間を「凡夫」と見なす。『観経疏』「玄義分」を見ると、大乗に出会った上品人も、小乗に出会った中品人も、悪に出会った下品人も、出会った縁の善悪で九種に分類されるだけであり、五濁悪世の世では、すべて凡夫であることに変わりはないと善導は言う。これは、それまでの諸師には見られない善導独自の斬新な九品解釈であり、自分自身もその凡夫の一人であることは当然であった。

『観経疏』冒頭には「我等愚癡の身、曠劫より来た流転して、今釈迦仏の末法の遺跡たる弥陀の本誓願、極楽の要門に逢えり。定散等しく廻向して速やかに無生の身を証せん」（T. 1753, xxxvii 246a1–4）とあり、一般論としての人間や凡夫ではなく、「私という人間／私という凡夫」（圏点部分）が一人称として語り出されている。

このような自己省察があったからこそ、三心でとりあげた二種深信のうちの「機の深信」は「懺悔」と言いかえてもよく、藤田［1985: 149］は「信機（機の深信）を貫くものは、徹底した懺悔の思想である」とさえ言う。善導の著作を紐解けば、随処に懺悔の思想はちりばめられているが、その中でもとくに象徴的な懺悔の用例を一つだけ紹介しておこう。それは『往生礼讃』に見られる「三品の懺悔」である。ここでは、懺悔が上・中・下の三品にわたって説明されている。

> 懺悔に三品あり。上中下なり。上品の懺悔とは、身の毛孔の中より血流れ、眼の中より血出づるをば上品の懺悔と名づく。中品の懺悔とは、遍身に熱き汗、毛孔より出て、眼の中より血流るる者をば中品の懺悔と名づく。下品の懺悔とは、遍身徹りて熱く、眼の中より涙出づる者をば下品の懺悔と名づく。（中略）流涙流血に能わずと雖も唯だ能く真心徹到する者は、即ち上と同じ（T. 1980, xlvii 447a14–25）。

懺悔して眼が血走ったり全身から汗が出るのはよいとして、眼から血が流れたり毛穴から血が流れ出ることは想像しにくい。しかし、実際に出なくても、心の底から懺悔すれば、それに類似した感覚（あるいは、そう実感してしまう感覚）におそわれるのかもしれない。このような表現は、善導の観念的な記述というより、善導の実体験にもとづいているようにも思える。

一方、善導は現実的な凡夫の存在を常に意識し、心の底から素直になされる懺悔は上品の懺悔と同じであると指摘することも忘れない。『観経疏』を除く行儀分の四部五巻はすべて懺悔の書であるといってもよいと藤田［1985: 151］は指摘する。

末法という時代的危機意識に加え、そのような時代に住まう劣悪な人間（凡夫）に焦点を当て、また自分自身もそのような人間の一人として理解した善導の人間観は、曇鸞や道綽には見られなかった点であり、だからこそ「懺悔」という厳しい自己批判（機の深信）を通して、阿弥陀仏の本願力に全面帰依（法の深信）していったのではないか。

第四章　日本の浄土教

一　法然——念仏のアイデンティティ変更

法然以前の浄土教

まずは、法然以前の日本の浄土教を概観する（末木［1992］・蓑輪［2015］）。

六世紀中盤に仏教が日本に伝来して以来、浄土教信仰は、文字ではなく、まず図像を通して日本に流通していった。古くは聖徳太子没後にその夫人の発願で作られたという天寿国繡帳《てんじゅこくしゅうちょう》（天寿国とは阿弥陀仏の極楽浄土とされる）、つづいて八世紀頃には當麻寺などで所有されていた『観経』に基づく浄土世界を具現化した浄土変相図などである。

浄土教の実践の主流は念仏だが、念仏には大きく分けて観想念仏と称名念仏の二種があった。

平安時代以降、仏教は南都と北嶺を中心に栄えたが、この両地にはこの双方の念仏が存在した。蓑輪によれば、観想念仏も称名念仏も心の働きを一つのものに結びつける三昧の行であり、大胆に意味づければ、止（śamatha）の働きを持つと指摘するが、これは法然以降の念仏を考える上でも重要である。同じ称名念仏でも、法然以前は「止の働きを持つ三昧の行」という性格を有していた。

では、南都の浄土教から整理する。東大寺の別当を務めた永観《ようかん》（一〇三三～一一一一）の撰『往生拾因《おうじょうじゅういん》』は称名念仏を「止の働きを持つ三昧の行」と解釈した。南都では院政期も観想が主流であったように推定しがちだが、称名に重きを置いた伝統も存在していた。同じ院政期に高野山にも浄土教が流布し、覚鑁《かくばん》（一〇九五～一一四四）が高野山の念仏に大きな役割を果たした。彼は大日如来と阿弥陀如来、またその浄土である密厳浄土と極楽浄土とを同一視し、真言密教と浄土教の融合を図ったが、この時代が高野山における浄土教の隆盛期だった。称名が実際の実践法として掲げられていることからすれば、その念仏は観想だけでなく、称名もあったと考えられる。

では、北嶺（比叡山）の浄土教はどうか。浄土教が日本に定着する上で大きな役割を果たしたのは、円仁《えんにん》（七九四～八六四）である。彼は入唐し、五台山で善導の流れを汲む法照《ほっしょう》流の念仏三昧の方法を学んで帰朝すると、この念仏三昧を四種三昧（常坐三昧・常行三昧・半行半坐三昧・非行非坐三昧）の中の常行三昧として確立した。

常行三昧は、阿弥陀仏を本尊として、九〇日間、その回りをまわり、阿弥陀仏の名を称えながら精神集中をはかる。これも「止の働きを持つ三昧の行」としての称名念仏である。円仁は比叡山に常行三昧堂を建立してこの念仏の普及に努め、これは「山の念仏」として平安貴族に広く親しまれた。

四種三昧の源流は五会念仏にあるので、常行三昧中の念仏は音楽的要素を含み、節回しや抑揚を持った称名念仏を行いつつ堂内を歩くようになったのではないかと蓑輪は推測する。

つぎに源信（九四二〜一〇一七）だが、彼は僧位も受けず、横川に隠棲して修行と学問に専心し、往生伝文学の嚆矢となる『日本往生極楽記』を著した慶滋保胤《よししげやすたね》とともに二十五三昧会の結成に関わった。二五名の叡山横川の僧が首楞厳院に集まって結成され、臨終を迎えた仲間を皆で助けて念仏させ、極楽に往生させることを目的とした。その指導原理となったのが、源信の『往生要集』である。一〇章からなる本書は、浄土念仏の百科全書とも言うべき書であった。

この源信より少し前、空也《くうや》（九〇三〜九七二）の出現により、念仏は一気に民衆の間にまで広まることになった。彼は奈良時代の行基の系譜にたつ民間仏教の指導者で、京の都では「市聖」あるいは「阿弥陀聖」と呼ばれ、称名念仏を広めたが、特定の宗派に偏ることなく、超宗派的立場を保ったとされる。

鎌倉仏教の評価

かつて鎌倉仏教は「鎌倉新仏教」と呼ばれることもあったが、黒田［1975：413 ff.］以来、このような見方は否定され、それ以前の仏教（鎌倉新仏教に対して旧仏教）、すなわち「顕密仏教」の価値が見なおされつつある。これを念頭に置きながら、ここでは三人の研究者の見解を紹介し、この問題を整理する。まずは末木［1992: 202-203］の所見から。

末木は「本覚《ほんがく》思想」を軸に鎌倉仏教の意義を理解する。本覚思想は難解だが、簡単にいえば、「衆生は本来的に覚っており、煩悩具足の衆生の姿がそのまま仏の絶対的な世界を顕現したもの」という思想で、大乗仏教で花開く如来蔵思想に基づく。「本覚」と対比される「始覚《しがく》」は、「多年の修行を積むことで始めて覚る」という考え方だ。本覚思想はすべての衆生に覚りの可能性を認める点で意義ある思想だが、一歩間違えれば、安易な現実肯定や修行否定にもつながり、善や悪、浄や穢など、二元的な対立をまるごと是認するような思想でもある。

このような天台の本覚思想が、鎌倉仏教の誕生前、すなわち院政期に大勢を占めていたが、現実肯定的な傾向の強まりにより、戒律や修行を不要として堕落とも言える様相を呈する仏教界に批判の目を向けたのが鎌倉期の新仏教や南都改革派の運動であった。

その際、二つの異なった方向があり、一つは仏教の原点に立ち戻り、戒律の復興や禅の修行など、実践性を取り戻そうとするもので、南都の改革派に加え、禅宗などがこれに含まれる。もう一つの流れは、従来の仏教の実践は当時の日本の現実に相応しくないことを認め、現実に合った新しい実践法を求めていく方向であるが、こちらに浄土念仏や日蓮の唱題の思想が含まれる。このように、本覚思想のアンチテーゼとして鎌倉仏教の意義を理解しようというのが末木の見解である。

つぎに箕輪［2015: 69–117］を紹介する。僧団は本来、世俗の価値観とは隔絶した存在だが、日本仏教の場合、その伝来当初から為政者の思惑のもとに仏教は管理運営され、その出家者も体制の支配下に置かれた。平安後期には、出世間であるはずの僧団に出自という世俗が持ち込まれ、それが寺院内の職掌と結びついて僧侶の出世に大きな影響を与えた。こうして日本の僧侶社会では、朝廷との関係の中で階級制が生じることになる。そしてこの僧侶社会で出世するには寺内法会に始まり、いくつもの格式の高い法会を経験しなければならなかった。これを交衆《きょうしゅ》といい、当時の僧侶世界の多数派・主流派を占める。本来は学問に秀でた僧侶が早く出世することになっていたが、出自が低い場合は出世できなかったり、出世が遅れることもあったと言う。

一方、平安末頃から交衆とは距離をおく集団から、当時の仏教界に新しい運動が起きた。彼らは出世につながる寺内法会には出席せず、出家世界の名聞利養から顔を背け、戒律や修行の実践に専心したが、彼らのありようは「遁世門《とんせもん》」と呼ばれた。遁世門の典型は、南都の律宗や京で活躍した浄土宗や禅宗、やや遅れて法華宗の者たちであった。この遁世の僧侶も、最初は西行に代表されるように、世俗との関わりを極力避けた生活をしていたが、一二世紀から一三世紀にかけて、積極的に活躍する遁世の僧侶が登場するようになるが、法然はまさにその先駆的存在と言えよう。

最後に紹介するのは佐藤［2014］である。この研究の特徴は、当時の荘園制度をめぐる支配者と被支配者の軋轢が及ぼした影響という観点から鎌倉仏教の特徴を捉えている点にある。一〇世紀を転機に古代律令体制が解体し、寺院は国家からの経済的援助を得ることが困難となり、自前で財政基盤を構築しなければならなくなって、荘園経営や勧進などに着手した。とくに荘園経営に関しては、年貢の取り立てを正当化するため、荘園を「仏土」と称して寺家による住民支配を正当化した。つまり、年貢を納めれば仏は救ってくれるが、そうでなければ仏罰がくだされるとし、仏の権威を利用して寺家の支配を正当化したのである。

だが、農民側も黙ってはいなかった。この枠組に留まるかぎり、自分たちの魂の救いは実現されない。彼らは荘園に君臨する仏神の呪縛から完全に解放されるため、従来の仏教である荘園鎮護の仏神を捨て、別の宗教的権威に帰依を求めた。それが旧仏教に異を唱えた遁世門の仏教である。つまり、鎌倉時代の社会の中で伝統仏教界や国家権力と念仏者との間に繰り広げられた激しい相克（法然浄土教に対するさまざまな法難）は、単なる信仰や思想の対立だけではなく、支配体制の存亡にかかわるものだったのであり、だからこそ伝統仏教界や体制側は、念仏だけで救われるとする念仏者に対してヒステリックに反応し、異常な敵意を燃やして弾圧に努めざるをえなかったのである。

末木は思想史的な視点、箕輪は教団史的側面、そして佐藤は社会経済的側面から、鎌倉仏教の特徴を明らかにした。かつては「新／旧」という対立軸で語られてきた鎌倉仏教だが、以上の考察から、むしろ主流派・正統派は旧仏教側であり、鎌倉の宗派仏教はさまざまな新機軸を打ち出したとはいえ、あくまで傍流派・異端派に過ぎなかったのである（これはインド仏教における伝統仏教と大乗仏教の関係にもよく似ている）。鎌倉時代の宗派仏教が日本社会の主流を占めるには、室町時代を待たねばならなかった。

法然の生涯

法然は長承二（一一三三）年、漆間時国《うるまときくに》を父とし、秦氏出身の女性を母として、美作国《みまさかのくに》久米南条（岡山県久米郡久米南町）に生まれ、「勢至丸」と命名された。時国は地方豪族で、押領使という地域の治安維持役を担っていたが、荘園領主に代わって現地で荘園経営にあたっていた預所の明石定明《あかしさだあきら》の夜襲に遭い、法然が九歳のとき、時国は殺されてしまった。法然は時国の遺言に従って仏門に入り、実家から四〇キロほど離れた那岐山の菩提寺の住職をしていた叔父（母の弟）の観覚《かんがく》に引き取られる。

法然の非凡な能力に気づいた観覚は、比叡山に法然を送った。一五歳のとき（一三歳の説もある）、法然は比叡山に昇り、観覚と旧知の仲であった源光《げんこう》に委ねられたが、観覚同様、源光も法然の非凡な才能に気づき、顕密の両方に通じた学僧の皇円《こうえん》に法然を託した。ここで法然は剃髪し、比叡山東塔にある戒壇院で受戒すると、正式な出家者となる。

当時の比叡山は世俗化していたので、法然は一八歳で遁世し、比叡山西塔の黒谷に移住すると、そこで叡空《えいくう》を戒師として受戒し、彼の指導を受けながら修行に励んだ。一八歳で遁世してから四三歳に回心するまでの二五年間、法然は黒谷に引きこもる。この間、経蔵で一切経を読んだり修行を積んだりと懸命に道を求め、ついに四三歳のとき、善導の『観経疏』の一節に出会い、阿弥陀仏の本願で往生が約束された念仏を称えれば、それだけで往生できることを確信し、法然はついに回心した。

その後、法然は比叡山を下りて吉水に移り住み、庵を訪ねる者に念仏を勧めたり、自ら念仏の行に励んでいた。そんな中、大原に籠居していた天台宗の顕真《けんしん》は、世間の注目を浴びつつあった五四歳の法然を大原の勝林院に招き、当時の一流の学僧たち三〇名以上と議論を闘わせる機会を設けると、法然は見事に勝利を収め、当時の仏教界で法然の名声は一挙に高まった。これを大原談議と言う。

後に関白となる九条兼実《くじょうかねざね》の帰依を受けて貴族の間に念仏の教えは広まったが、平重衡《たいらしげひら》、熊谷直実《くまがいなおざね》など、殺生を生業とする武士や「悪人」など、幅広い層の人びとに受け入れられ、新たな信者を獲得した。建久九（一一九八）年、九条兼実の懇請で、法然は『選択本願念仏集《せんちゃくほんがんねんぶつしゅう》』（以下、『選択集』）を著した。

念仏往生の教えは、誤解されれば悪を助長する怖れもあって、また実際にそのような行動をとる者もいたので、延暦寺の僧侶たちは専修念仏の停止を天台座主の真性《しんしょう》に訴えた。これに対し法然は「七箇条制誡」を示し、門弟たちに問題行動の自粛を求めた。これを「元久の法難」という。

つづいて南都の奈良興福寺の僧侶たちは、「興福寺奏状」で法然の教えの過失を九ヶ条にわたって指摘し、院に専修念仏禁止を訴えたが、専修念仏は禁止されなかった。しかしその後、後鳥羽上皇の留守中、上皇の女官が法然の門弟の安楽《あんらく》と住蓮《じゅうれん》が称える節付きの経文に魅了され、無許可で出家したことで、上皇の怒りをかって安楽と住蓮は死罪となり、法然は流刑となって、土佐に配流の宣旨が下った。建永二（一二〇七）年、法然七五歳のときである。これを「建永の法難」という。

同じ年、しばらくして赦免の宣旨が下り、法然は四国から本州に戻ったが、入洛は禁じられ、その間は摂津国の勝尾寺（現大阪府箕面市）に留まった。入洛が許されたのはその四年後であり、法然が七九歳のときであった。帰京をはたした法然は、翌年の建暦二（一二一二）年の正月二三日、弟子の源智の求めで、遺言ともいうべき「一枚起請文」を残すと、二日後の二五日、ついに法然は往生の素懐を遂げた。しかし死してもなお、旧仏教側からの弾圧は続き、法然の墓が暴かれるという「嘉禄の法難」にも遭ったが、最終的には西山粟生野《あおの》で荼毘に付された。

偏依善導

以下、主著『選択集』を中心に法然浄土教の主な特徴をまとめるが、その前提となるのが「偏依善導《へんねぜんどう》（偏に善導に依る）」という法然の立場だ。四三歳のとき、法然を回心させたのは善導の『観経疏』の一節であったし、善導の著作は『選択集』でも頻繁に引用されているので、法然の思想形成に果たした善導の影響力は絶大である。この点を『選択集』の最終章（第一六章）を手がかりに確認してみよう。

善導以外にも多くの諸師たちが浄土教に関する著作を残しているのに、なぜ善導一人を拠り所とするのか。法然はその根拠を三つあげる。（一）聖道門ではなく浄土門をもって宗となすこと、（二）三昧発得（宗教体験）していること、（三）同じ三昧発得していても師匠が優先されること、この条件をすべて満たすのが善導なのである。

こうして選び出された善導が著した著作は、法然にいかなる意味を持ったのか。一般に論師たちが自らの思想を展開するときは仏典を後ろ盾にするが、とくに重要なのが仏説である経典の引用だ。つまり「経典にこう記されているから」を論拠として、自分の思想や解釈の妥当性を主張する。これを教証というが、『選択集』は浄土三部経を引用する一方、重要な論拠は『観経疏』等の善導の著作に基づく。だが、善導が著した著作は仏説ではないので、それを論拠にすることは、自らの主張に説得力を欠く。『観経疏』で回心した法然にとって、これはいわば死活問題である。法然はこの問題をどう乗り超えようとしたのか。

法然は言う。「観経の文疏を条録するの刻《きざみ》に、頗る霊瑞を感ず、しばしば聖化に預かる。既に聖の冥加を蒙って、しかも経の科文を造る。世を挙《こぞ》って証定の疏と称す。人これを貴ぶこと、仏経の法の如くす」（大橋［1997: 182］）と。つまり、『観経疏』を著す際、善導は霊瑞を感じ、仏の加護を受けていたので、『観経疏』は「仏の経法と同じ」だとし、法然は『観経疏』を仏説と理解する。

法然はこの後にも『観経疏』「散善義」の文章を引用する。曰く、わたくし善導は智慧も浅く、理解力も乏しいため、自分の観経解釈が妥当かどうか判断できないので、「其れ今この観経の要義を出して古今を楷定せんと欲す。三世の諸仏、釈迦仏、阿弥陀仏等の大悲に称わば、願わくば夢の中において、上の所願の如きの一切境界の諸相を見ることを得ん」と祈願し、毎日『阿弥陀経』を誦すること三遍、阿弥陀仏を念ずること三万遍に及ぶと、その夜、浄土の情景が現れた、と。目覚めた善導は歓喜し、『観経』の意味するところを書き記した。

その後も毎夜、夢中に一人の僧侶が現れ、『観経』に対する教えを授けた。こうして『観経疏』は脱稿したが、その後も一週間つづけて『阿弥陀経』を誦すること十遍、阿弥陀仏を念ずること三万遍に及ぶと、三日連続して不思議な夢を見たという。よって、『観経疏』の最後は「この義已に証を請ふて定め竟んぬ。一句一字も加減すべからず。写さんと欲せん者は、一ら経法の如くせよ。応に知るべし」で結ばれているのである。

以上から、法然が善導を選択した理由の一つとして、「三昧発得」を重視した理由がわかる。

これこそ『観経疏』をして仏説たらしめる要因なのである。論書でありながら、仏の証明という仏説のお墨付きを得た書、それが『観経疏』というわけだ。またその後で法然は、「本地を阿弥陀仏、垂迹を善導」と解釈し、善導を「阿弥陀仏の化身」と理解する。こうして『観経疏』は法然にとって〝仏説〟の意味を持ち、それを「偏依善導」と表明することで、善導に絶対的な信を置いた。

法然の選択思想

法然が表明した教えの第一の特徴は、主著『選択集』の題名の表すごとく、「選択」という考え方だ。「選ぶ」は「捨てる」と表裏一体なので、何かを選ぶことは何かを捨てる作業でもある。では法然は何を捨て、何を選んだのか。選んだのは「念仏」であるが、ただの念仏ではない。「阿弥陀仏が数多の行から選択し、往生行として本願に定めた念仏」、すなわち「選択本願念仏」である。法然がここに至るには、三重の選択が必要であった。この三重の選択が『選択集』第一章から第三章でそれぞれ説明される。

第一重の選択は「聖道門か浄土門か」という選択であるが、ここでは聖道門が捨てられ、浄土門が選ばれる。そして浄土門に入ると、第二重の選択「雑行か正行か」では、雑行を捨てて正行が選ばれる。そして最後の第三重の選択「助業か正定業か」では、助業を捨てて正定業が選ばれる。さて、ここで問題なのは、この「選択」の主語が誰かである。そこでそれぞれの章名をみると、つぎのとおり。

第一章：道綽禅師、聖道浄土の二門を立てて、しかも聖道を捨てて正しく浄土に帰するの文

第二章：善導和尚、正雑二行を立てて、雑行を捨てて正行に帰するの文

第三章：弥陀如来、余行を以て往生の本願と為したまはず、唯だ念仏を以て往生の本願と為したまへるの文

圏点で示したように、第一重の選択者は道綽、第二重の選択者は善導、そして第三重の選択者は阿弥陀仏である。そしてこの選択は、道綽・善導・阿弥陀仏の選択であると同時に、法然の選択でもある点に注意が必要だ。法然は「道綽の選択（第一重）を選択した」のであり、「善導の選択（第二重）を選択した」のであり、また「阿弥陀仏の選択（第三重）を選択した」のであるから、すべての選択は「二重写し」になっているが、最終的に本願念仏を選び、選択本願念仏説という教判を確立したのは法然である。

第一重と第二重の選択者は人間だが、第三重の選択者は仏であり、同じ選択でも、その持つ意味が大きく異なる。このように選択は人間の側と仏の側の二重性を帯びているので、法然は『選択集』において、両者を区別するために、仏の側の取捨は「選択」、人間の側の取捨は「選」と意識的に使い分けている。そしてこの三重の選択は、『選択集』の最終章である第一六

章で再度、以下のように簡略に示される（これを「略選択」とも言う）。

それ速やかに生死を離れむと欲はば、二種の勝法の中に、しばらく聖道門を閣《さしお》いて、浄土門に選入すべし。浄土門に入らむと欲はば、正雑二行の中に、しばらくもろもろの雑行を抛《なげう》てて、選じで正行に帰すべし。正行を脩せむと欲はば、正助二業の中に、なほし助業を傍らにして、選じでまさに正定を専らにすべし。正定の業とは即ちこれ仏名を称するなり。み名を称すれば、必ず生ずることを得。仏の本願によるが故なり（大橋［1997: 177–178］）。

この第三重の選択の意義は後ほど詳説するとし、まずは各選択の背景を見ていこう。

選択の背景

まず第一の選択は道綽の教判によりつつ、大乗仏教全体を聖道門と浄土門とに分け、このうち聖道門（難行道／自力）を捨てて浄土門（易行道／他力）を選択するが、聖道門が捨てられる理由は二つある。一つはブッダが入滅してからかなりの時間が経っていること、もう一つはその教えが深遠で理解しがたいことであり、この二つの理由から、聖道門にしたがっても、末法に生きる凡夫が覚りを開けないからだと法然は指摘する。

インドでは大乗仏教になると、如来蔵思想が誕生した。これはすべての衆生に如来蔵＝仏性（仏になる可能性）を認め、誰もが覚りの可能性を秘めていることを説く素晴らしい教えだが、末法という下降史観によれば、大乗仏教は「悉皆成仏《しっかいじょうぶつ》」の理想を掲げながらも、末法の世では覚りの可能性は閉ざされる。宗教的エリートである出家者でさえそうならば、一般庶民はさらに覚りから遠い。この溝を埋めるべく、法然は末法という時代（時）とそこに住まう凡夫という人間（機）を凝視し、末法の時代に凡夫でさえも覚りとつながる時機相応の教えを模索した結果、浄土門にその答えを見出した。これが第一の選択である。

つづいて法然は、第二の選択として、善導の『観経疏』「散善義」によりながら、雑行を捨てて正行に帰すべきことを説く。正行とは、読誦正行、観察正行、礼拝正行、称名正行、そして讃歎供養正行の五つであり、浄土三部経を読誦し、阿弥陀仏を観察し、阿弥陀仏を礼拝し、阿弥陀仏の名を称え、阿弥陀仏を讃歎し供養することをいう。雑行とは、浄土三部経以外を読誦し、阿弥陀仏以外を観察し、乃至、阿弥陀仏以外を讃歎し供養することをいう。

ここでは五つの正行が選択されるが、このうち第四の称名正行が正定業であり、その他の四つは助業（補助的な業）とされる。称名正行が正定業なのは、それこそが阿弥陀仏の本願に順ずるからである。雑行を捨て正行を選択する、これが第二の選択である。

最後に第三の選択は、五種正行のうち、助業を捨てて正定の業である称名念仏を選択する。その理由は、章名にあるごとく、「弥陀如来、余行を以て往生の本願と為したまはず、唯だ念仏を以て往生の本願と為したまへる」からである。凡夫の恣意的な選択ではなく、仏である阿弥陀仏が選択したと諒解することで、はじめて称名念仏は諸行に勝る行となる。ここが法然浄土教の肝だが、ではなぜ、本願念仏だけが往生行として選択されたといえるのか。

本願念仏が選択された理由

〈無量寿経〉によれば、法蔵菩薩は四八願を立て、その実現に向けて修行した結果、阿弥陀仏となり、彼の誓願はすべて成就して本願（過去の誓願）となった。この場合、四八願のうち、往生の行に関する願は三つあり（第十八願・第十九願・第二十願）、念仏以外の行でも往生できると経典は説いているのに、なぜ第十八願のみが〝仏の本願にかなった行〟として特別視されるのか。

これについては、末木［2004: 100］も「第十八願だけが往生の行を述べた願文ではないのに、法然はそのような可能性にすべて目を瞑り、第十八願だけを往生の行を述べた願として認め、そこで専称仏名が選取されたと見る。第十九願と二十願の扱いは、門下の大きな課題として残されることになる」と指摘する。加えて、その第十八願の原文と善導の引用は異なり、二重の意味で素直には受け入れられない。

まずは後者から考えてみよう。『選択集』第三章の冒頭には、『無量寿経』の第十八願と善導が引用する第十八願（二ヶ所）とが併記されている。前にも述べたが、『無量寿経』の「乃至十念」は、善導の『観念法門』や『往生礼讃』では「我が名号を称すること下十声に至るまで」と改読されていた。

法然は、『選択集』第三章で続けて「念は声と同じ」とし、その理由を「観経の下品下生に云く、「声をして絶えざらしめて、十念を具足して、南無阿弥陀仏と称せば、仏の名を称するが故に、念々の中において八十億劫の生死の罪を除く」と。今この文によるに、声はこれ念なり、念は則ちこれ声なり。その意明らけし」（大橋［1997: 57–58］）と説く。つまり、『無量寿経』の第十八願を『観経』の下品下生で説明するが、その下品下生の「十念を具足して南無阿弥陀仏と称せしむ」も、素直に読めば「十念」と「称名」は別物だが、法然は両者を同一視する。

では四八願のうち、なぜ第十八願だけが特別なのか、あるいは、なぜ念仏だけが往生の行として選択されたのか。四八願の中には往生の因として、「菩提心を発して諸々の功徳を修め、至心に発願して我が国に生まれんと欲する」（第十九願）や、「我が名号を聞きて、念を我が国に懸け、諸々の徳本を植え、至心に廻向して我が国に生まれんと欲する」（第二十願）ことも、誓われているからだ。

これについて法然は「聖意測り難し、輙く解すること能わず」と前置きしつつ、「勝／劣」と「難／易」でこれに答える。「勝／劣」については、阿弥陀仏の名号はすべての徳が含まれているから他の一切の功徳に勝っており、他は劣っているという。

一方、「難／易」については、「念仏は易きが故に一切に通ず。諸行は難きが故に諸機に通ぜず。然れば則ち一切衆生をして平等に往生せしめんが為に、難を捨て易を取りて本願としたまふか」とし、造像起塔を往生の条件にすれば、貧乏人は往生できないし、智慧高才を往生の条件にすれば、愚鈍下智の者は往生の望みが絶たれるので、「法蔵比丘の昔、平等の慈悲に催されて、普く一切を摂せんがために（中略）唯だ称名念仏の一行を以て、その本願としたまえる」と法然は理解する。

法然は「皆が平等に救われる道」を徹底的に追求したのであり、そこから推論すれば、その行は「易」でなければならないが、しかし易しいだけで往生は実現しない。そこに「勝（＝確実に往生できる）」という質の保証が伴ってはじめて「往生行」たりうる。法然はその易行の念仏を「阿弥陀仏が特別に選択された勝行」と解釈し直したのである。とくに第三重の選択は、人間の側の恣意性を排除するために、「仏による選択」という解釈が絶対的に必要だったと考えられる。

八種選択

法然の選択は阿弥陀仏による〝本願念仏〟の選択だけがすべてではない。これを含め、法然は『選択集』第一六章で、仏による「八種選択」を説く。無論、本願念仏の選択が中心となるが、それを補強する七つの選択がその脇をかためる。以下の（一）〜（三）は『無量寿経』、

（四）～（六）は『観経』、（七）は『阿弥陀経』、そして（八）は『般舟三昧経』に基づくが、その内容はつぎのとおり。なお（　）内は、それが説かれている『選択集』の章を表す。

（一）選択本願：阿弥陀仏が本願念仏を選択したこと（第三章）
（二）選択讃嘆：ブッダは往生の行を列挙するが、念仏のみを選択して讃嘆したこと（第五章）
（三）選択留教：ブッダは余行や諸善に言及するが、念仏の教えのみを選択して後の世に留めおいたこと（第六章）
（四）選択摂取：弥陀の光明は念仏の衆生のみを照らし、摂取して見捨てることがないこと（第七章）
（五）選択化讃：下品下生の衆生には聞経と称名の二つの行が説かれるが、弥陀の化仏は念仏のみを選択して、衆生を励ますこと（第一〇章）
（六）選択付属：ブッダは定善（精神を集中して行う善）・散善（散乱した心で行う善）を説いてはいるが、念仏の一行のみを後世に付属したこと（第一二章）
（七）選択証誠：六方の諸仏は、諸行ではなく念仏による往生こそ真実（誠）であると証したこと（第一四章）
（八）選択我名：弥陀が自らの名前のみを選択したこと（対応箇所なし）

これを仏別に整理すれば、阿弥陀仏の選択は（一）（四）（五）（八）、ブッダの選択は（二）（三）（六）、そして諸仏の選択は（七）である。つまり法然は、阿弥陀仏のみならず、ブッダも諸仏も皆、心を同じくして念仏を選択し、それ以外の行は選択されなかったと理解することで、本願念仏の選択に普遍性を持たせようとした。つまり、法然は「弥陀・釈迦・諸仏」をもって〝一切の仏〟を象徴させており、その一切の仏が念仏を選択したと理解したのである。この直後に法然は「三重の選択」を簡略に再説するので、この「八種選択」が「三重の選択」の教証になっていると考えられる。

法然の功績

ではここで、法然の功績を二つ指摘しておこう。一つ目は『選択集』の著述である。優れた論書には、（一）斬新さ、（二）一貫性、そして（三）説得力が必要だ。たとえば、説一切有部は「一切は有る」という斬新な視点を有し、その視点で一貫して存在を分析し、それによって説得力のある高邁な理論を体系化した。後に龍樹の中観哲学によって批判されるが、彼らが残した阿毘達磨論書は卓越した理論体系を有している。また唯識思想も「あるのは唯だ識のみ」という観点から、一切の現象世界および覚りへの道程を説明する精緻な理論を構築し、現代の心理学に勝るとも劣らない体系を確立した。

同様に、法然も「選択」という斬新な視点から浄土教（あるいは「仏教」というべきであろうか）の体系化を試み、衆生の側の選択から仏の側の選択まで、選択という視点で論を一貫する。しかもその選択は「本願念仏の選択」に留まらず、全部で八つの〝仏による選択〟を説いていることは先ほど確認したとおりであるが、この選択の思想こそ法然浄土教の最大の特徴と言える。

末法の世に凡夫が救われる教え、つまり時機相応の実践は念仏しかないという主張は、説得力を持って日本中世の人々に影響を与えた。この選択の思想は「専修念仏」に結実し、また浄土宗を超えて、只管打坐《しかんたざ》や題目という、鎌倉仏教を特徴づける「専修」の先駆けとなった。これが法然の功績の第一である。偏依善導を標榜した法然だが、この選択の思想は、善導をはじめ、中国の浄土教家にはまったくない発想であった。

さて、法然は「選択」という着想をどこから得たのか。『選択集』第三章の用例に注目してみよう。ここでは阿弥陀仏が、いつどのような仏のもとで発願したのかについて答える中に、『無量寿経』を引用した後、その異訳で古訳でもある『大阿弥陀経』を引用するが、そこには「その仏、即ち二百一十億の仏の国土中の諸天人民の善悪、国土の好嫌を選択し、心中の所欲の願を選択せむがためなり（後略）」とある。一般に〈無量寿経〉を引用する場合は康僧鎧訳『無量寿経』であるから、ここだけ異訳の『大阿弥陀経』を引用していることを勘案すれば、ここから「選択」の着想を得たと考えられる。

二つ目は、念仏のアイデンティティ（存立基盤）変更による念仏観の転換だ。念仏という行はインドから存在しており、法然がとくに発見したわけでも発明したわけでもない。数あるうちの行の一つであった。くわえて、それまでの念仏は観想念仏が主であり、また上級者向けの高尚な行であったのに対し、称名念仏は初級者向けの価値の低い行という位置づけだったが、法然の出現により、このような念仏観は根底から覆される。法然は観想念仏と称名念仏の優劣を入れ替え、称名念仏こそが優れているとした。その根拠は、称名念仏が阿弥陀仏によって選択された特別な行であると解釈し、念仏のアイデンティティを変更したのである。

これにより、諸行の一つである念仏（one of them）は、阿弥陀仏が選択し、本願で往生を約束した唯一の念仏（only one）になった。換言すれば、念仏に「阿弥陀仏の選択」という〝新たな価値〟を付与し、それによって従来の念仏観を反転させたのである。

「偏依善導」再考

偏依善導が法然の立場なら、善導浄土教＝法然浄土教であり、法然浄土教は善導浄土教から一歩も逸脱していないことになるが、はたしてそうか。していないとすれば、法然浄土教の独自性はないが、さきほど「選択」の評価をした際に、法然は善導を超える動きを見せており、両者が同一というわけではないことを確認した。

そこでつぎに、偏依善導を標榜する法然が、善導とは違う浄土教理解を示している点を提示してみたい。参考にするのは、『選択集』第八章「念仏の行者は、必ず三心を具足すべきの文」である。『観経』の上品上生では、三心（至誠心・深心・廻向発願心）を発すことが往生の条件となる。これを承けて善導も、『観経疏』「散善義」でこの三心を詳説するし、法然もこの箇所を引用し、自分の三心解釈を展開するが、三心のうち最初の至誠心に注目してみよう。まずは善導の釈を引用する。

至誠心と云ふは、至は真なり。誠は実なり。一切衆生の身・口・意業に修するところの解行、必ずすべからく真実心の中になすべきことを明かさむと欲す。外に賢善精進の相を現じ、内に虚仮を懐くことを得ざれ（大橋［1997: 89–90］）。

しかし、末法の世にある凡夫が、このような真実心を起こすことは可能であろうか。内と外が違うからこそ凡夫なのである。そこで、法然がこれをどう解釈するのかを見てみよう。

至誠心とは、これ真実の心なり。その相、かの文の如し。ただし外に賢善精進の相を現じ、内に虚仮を懐くといふは、外は内に対するの辞なり。謂はく、外相と内心と不調の意なり。（中略）もしそれ外を翻じて内に蓄へば、祗《まこと》に出要に備ふべし。（中略）もしそれ内を翻じて外に播《ほどこ》さば、また出要に足んぬべし（大橋［1997: 116–117］）。

内と外とのズレ（不調）が「不真実心」なら、そのズレを修正すれば「真実心」になるが、その修正の仕方には二つある。一つは「外を翻して内に蓄える（内心を外相に一致させる）」方法で、これが善導の主張である。内心の虚仮を転じて賢善精進の心にすればよい。そうすれば内と外は一致するが、凡夫には極めて難しい。もう一つは「内を翻して外に施す（外相を内心に一致させる）」方法。つまり、内も外も虚仮で統一することである。虚仮である自分を偽らず、また自分を飾らず、ありのままの自分をさらけ出すことで外相と内心を一致させ、それをもって真実心となすのである。

この法然の解釈に注目した阿満［1999: 145］は、「法然は善導から一歩飛躍することになった」と指摘するが（この「至誠心釈」については、「外相はともかく、内心が真実であることが重要」とする解釈もある）、これよりも三心そのものの位置づけに私は注目したい。全幅の信頼を置く善導の『観経疏』は、三心が往生に必要と説き、詳細にその説明をしている以上、法然はこれを無視できなかった。一方で、本願念仏の一行のみを阿弥陀仏が往生行として選択したとすれば、そこに三心はどう位置づけられるのか。これはつまり、念仏と三心との関係をどうとらえるかという問題である。両者の違いを明確にするために、あえて極論してみよう。

『選択集』は両者の関係について何も触れないが、「十二問答」は「つねに念仏をだに申せば、そらに三心は具足するなり」、また『つねに仰られける御詞』は「ふかく本願をたのみて一向に念仏を唱べし。名号をとなふれば、三心おのづから具足するなり」（『法然上人行状絵図』第二一巻）とし、両者の関係を明記する。つまり、念仏の中に三心は収まると法然は解釈したのだ。こうして「三心を具えて念仏する（三心＋念仏）」という善導の思想は、法然に至って「念仏すれば三心は自ずと具わる（念仏が主体）」となり、法然は往生行として本願念仏の一行に三心を収斂させたのである。ここに、偏依善導ではない法然独自の思想を確認することができよう。

これに関連してもう一つ、法然が善導を超えた事例を紹介する。それは「本願念仏」（善導）から「選択本願念仏」（法然）への飛躍である。善導の本願念仏説は「念仏は阿弥陀仏の本願であるから、念仏すれば誰でも往生できる」という考え方であるが、これは念仏以外の行でも往生できる可能性を残している。しかし、法然の選択本願念仏説は、「本願念仏は阿弥陀仏が選択した唯一の往生行であるから、念仏以外では往生できない」ことを意味するので〔平[2001: 179–181]〕、念仏以外の行による往生の可能性は〝事実上〟否定され、結果として念仏が特別視されることになる。ここにも、偏依善導を標榜しながら、その善導を超える法然独自の思想を確認することができよう。

法然を衝き動かしたもの

平安末期から鎌倉初期に活躍した法然が日本の浄土教の流れを大きく変えた経緯を簡単に見

てきたが、最後に、法然を衝き動かした動機を、彼の人間観から探ってみよう。

出家の動機については、夜襲にあった父の遺言にしたがって出家したというのが一般的理解だが、父の死と法然出家の前後関係については、別の伝承も存在する。『醍醐本法然上人伝記』「別伝記」の記述に信憑性を認める梅原［2000: 124–153］は、押領使であった時国が土地を巡っての争いで恨みをかい、自分が暗殺されることをあらかじめ察知して、法然を出家させたので、出家が先で父の暗殺が後と考える。そして出家（一五歳）後、父の死を知らされた法然（一六歳）は、それによって心を痛め、黒谷に遁世した（一八歳）と推定する。

梅原によれば、殺される原因をつくったのは父の時国その人であり、悪は遠くに存在していたのではなく、法然の身近（すなわち父）にあったのであり、そう考えないと、法然のもっぱら悪人を救済しようとする宗教的情熱は説明できないとする。確かに法然の宗教的情熱は凄まじい。とくに黒谷に一八歳で遁世してから四三歳で回心するまでの二五年間、自分に納得のいく教えに出会うまで、引き籠もりというべき生活を続けたことは並大抵の精神力のなせる技ではない。

ただ単に「万人の救済の道を求めて」とか「皆が平等に救われる道を求めて」というような、一般論や抽象論にその動機づけを求めることはできない。その意味で、梅原の主張（悪人である父の救済）は説得力を持つが、ここでは、父ではなく法然自身の問題として、法然の宗教的情熱の根源を探ってみたい。まずは、二五年の引き籠もりの生活における法然の心情を吐露した言葉に注目してみよう。

『法然上人行状絵図』第六巻：かなしきかな、かなしきかな、いかゞせん、いかゞせむ。こゝに我等ごときはすでに戒定慧の三学の器にあらず。この三学のほかに、我心に相応する法門ありや、我身に堪たる修行やあると、よろづの智者にもとめ、諸の学者に、とふらいしに、をしふるに人もなく、しめす輩もなし（井川［1952: 26］）。

『醍醐本法然上人伝記』：ここに出離の道に煩て、心身安からず（井川［1952: 773］）。

これが絶望の淵にある法然の偽らざる心情だ。法然は死ぬまで持戒（戒）を貫き、三昧発得（定）したと考えられ、世間からは智慧第一（慧）と称されている。戒定慧という三学において申し分のない法然が、「三学非器《さんがくひき》（三学の器に非ず）」と自らを評価する。このギャップは何か。他者評価と自己認識とは必ずしも一致しないが、自己認識は深まれば深まるほど、厳しいものになる。法然の場合、周囲の評価とは裏腹に、自分で自分を評価する際の理想とする基準はきわめて高かった。

法然浄土教的に言えば、我々はすべて凡夫であり、基本的にはみな悪人だが、問題はそれをどれだけ深く認識できるかである。自己省察が深まるほど、自分自身が持つ悪の存在に驚愕し嫌悪することになるので、聖道門では自分が解脱できないことをより深刻に自覚せざるをえない。だから法然は自分を「三学非器」と位置づけた。三学は全体で仏教の修道体系を表すので、「三学非器」とは聖道門では解脱の道が閉ざされたことを意味する。この深い自己省察に基づき、「出離の縁なき衆生」と自分自身に絶望したのである。

法然が学んだ仏教は大乗仏教なので利他行も意識していたはずだが、最優先事項はあくまで「私が救われる教え」である。これは利己的に聞こえるが、法然の鋭い自己省察力よりすれば、自分こそが最低最悪の人間であり、その自分が救われる道が見つかれば、他の人はすべて救われるはずだと考えたに違いない。とすれば、問題は私（法然）という一人称の救済だが、その一人称は二人称も三人称も包摂した一人称、すなわち万人を包摂する一人称であっただろう。というわけで、最低最悪の人間と自覚した法然自らの救済こそが、彼の宗教的情熱の根底にあったと私は考える。

末法思想に基づき、本格的に自己を凡夫としてとらえたのが中国では善導だったが、その善導に全面帰依した法然が、より厳しい自己省察を実行したのは、ある意味で当然だったのかもしれないし、この態度はさらに弟子の親鸞にも継承されることになった。

二　親鸞——大乗仏教としての浄土教

親鸞の生涯

親鸞は承安三（一一七三）年、京の日野（京都市伏見区）に誕生した。父は藤原氏の血を引く公家の日野有範《ひのありのり》、母は源氏の出身である吉光女《きっこうにょ》だった。法然は一一三三年の生まれなので、ちょうど四〇歳の開きがある。日本では末法思想を背景に浄土信仰が隆盛を見せはじめ、また法然が新たな浄土教を打ち立てたころに親鸞は幼少期を過ごした。

養和九（一一八二）年、九歳のときに親鸞は伯父の日野範綱《のりつな》に連れられ、後に天台座主となる慈円のもとで出家し、比叡山に登った。その後、二九歳までの二〇年間、親鸞は比叡山で修行の日々を送る。横川の常行三昧堂で堂僧を務めたが、長期の修行を続けるも、煩悩を断じ、真理を悟ることは愚昧の自分にはできず、速やかに正覚に至るということは死ぬまで不可能であると知り、仏に救いを求めたり、神々に祈ったり、また善き師匠に出会えることを願った。親鸞は絶望感の淵にあったのである。

ついに親鸞は比叡山を下り、六角堂に参籠して我が身の救済を祈ると、夜に夢告を受け、吉水にいる法然のもとを訪れた。死ぬまで覚りを開けない愚昧な自分の進むべき道を真摯に求める親鸞は、「念仏だけで救われる」という法然の教えの真意を理解すべく法然のもとを訪れ、ついに「ただ念仏して弥陀にたすけられまいらすべし」という言葉に出会うと、親鸞は法然の教えに救いの道を見出した。また三三歳のとき、親鸞は法然の『選択集』の書写と、法然自身の肖像画を描くことを許されている。

親鸞は元久の法難で「七箇条制誡」に「僧綽空《しゃっくう》」という名で署名し、建永の法難で親鸞も僧籍を剥奪され、越後に流罪となったが、僧籍を失った親鸞は「非僧非俗」と自らの立場を表明した。その後、四二歳の頃、親鸞は越後から妻子とともに関東に向かった。この関東での教化の結果、親鸞は多くの信者を獲得したが、その中には『歎異抄』の作者である唯円《ゆいえん》も含まれている。親鸞は「弟子一人ももたずそうろう」という言葉に代表されるように、彼らを「弟子」とは考えず、同朋、あるいは同行と考えた。

関東で二〇年ほどの歳月が流れた頃、親鸞は六〇歳を過ぎて帰洛を決意した。当時の都では『選択集』が改版されたことで、華厳宗の明恵は『摧邪輪《ざいじゃりん》』を著し、法然の念仏を厳しく批判した。また嘉禄の法難では念仏が禁止されるなど、都では念仏に逆風が吹き荒れていた。このような状況下、親鸞は法然浄土教の真実を自分なりに明かそうと試みるべく、関東在住中からすでに何度も筆を入れていた『教行信証』を帰洛して完成させようとした。

親鸞が去った関東でも念仏に対して弾圧が加えられ、親鸞は事態収拾のために息子の善鸞《ぜんらん》を送ったが、結果的に善鸞は父に背く行動に出たため、親鸞は息子との義絶を決断した。親鸞は最晩年まで執筆活動に勤しんだが、弘長二（一二六二）年一一月二八日、九〇歳という長い生涯を閉じた。入滅後、親鸞の遺体は東山の延仁寺で荼毘に付され、大谷に埋葬された（武内［1991: 6–59］）。

『教行信証』の成立

親鸞の著作の詳細は石田［1991: 134–136］にゆずり、ここではその主著『顕浄土真実教《けんじょうどしんじつきょう》行証文類《ぎょうしょうもんるい》』（以下、『教行信証』）の成立を考える。題名にあるのは「教・行・証」であり、「信」はないが、その内容は、序に続いて教巻・行巻・信巻・証巻が配され、さらに真仏土巻と方便化身土巻が続く全六巻の構成で、『教行信証』とも言われる。「信巻」の扱いが問題になるが、本題に入る前に「教・行・証」について整理しておこう。

この章立ては三時（正法・像法・末法）を意識しているが、親鸞は末法の世における教と行と証とは何かを明かそうとした。換言すれば、末法の世において正法が成り立つことを立証しようとしたのだ。つまり、末法の時代における「教」とは『無量寿経』に説かれた本願念仏の教え、「行」とは阿弥陀仏が選択された念仏、そして「証」とは阿弥陀仏の救済による極楽往生ということになるが、親鸞はこれに加えて、「行」と「証」との間に「信」を置く。

行としての念仏を成立させる信心、それも衆生が自発的に発す信心ではなく、阿弥陀仏から与えられた信心（如来より賜りたる信心）が、衆生を往生成仏させる正因ととらえる。こう理解することで、末法の時代でも「教・行・（信・）証」という正法が成立することを親鸞は証したのである。この「信」こそが親鸞浄土教の特徴だが、それだけに信巻をめぐっては成立史的に多くの問題を惹起した（石田［1989: 42–46］）。書き始めてから最終形になるまでには多年を要し、何度も推敲を重ねて加筆修正が行われたと考えられるが、今なお『教行信証』の成立年代は不明である。

正式名称は『顕浄土真実〝教行証〟文類』なので、信巻を含まないのが元の姿とされる。また、信巻がなくてもその内容は行巻に説かれているし、信巻だけ特別に別序が付されているので、信巻が後から別に書かれたとも考えられる。ここでは『教行信証』の成立を論ずることが目的ではないので、信巻の存在が『教行信証』の成立に大きな問題を投げかけていること、またそれだけに信の問題が親鸞浄土教を理解するキーワードであることを確認するに留めたい。ではここで『教行信証』著述の目的についてまとめておく。内発的には末法の時代でも正法が成立することを証明しようとしたと考えられるが、外発的な要因も押さえておく必要がある。「念仏停止」という事態に直面し、対外的には浄土の教えの真理性の弁証、念仏門内部に対しては真仮の廃立を通して、他力念仏の真実信心を勧めるためであった（石田［1991: 137–141］）。

法然滅後には、法然が説いた念仏の教えをめぐって多くの問題が噴出した。法然の次世代の日蓮や明恵が法然の教えを厳しく批判し、また同じ念仏門内部でも、念仏は一回称えるだけでよいとする一念義や、数多く称えなければならないとする多念義など、さまざまな異義・異説が横行したため、親鸞は自分なりにこれらの問題に答えるべく『教行信証』を著したのではないか。

『教行信証』の内容

『教行信証』の冒頭で、親鸞は「つつしんで浄土真宗を案ずるに、二種の廻向あり。一には往相、二には還相なり。往相の廻向について、真実の教行信証あり」(金子[1957: 29])と本書の大綱を提示し、これにそって論を展開する。往相とは穢土(この娑婆国土)から浄土へ往生する様相、還相とは浄土で仏となって、衆生救済のために穢土に還来する様相を意味する。この二つの廻向はともに衆生の側の行為ではなく、阿弥陀仏の本願のなせる業である点が重要だ。

つづいて「教」が明かされる。「それ真実の教をあらはさば、すなはち大無量寿経これなり。(中略)如来の本願をとくを経の宗致とす。すなはち仏の名号をもて経の体とするなり」(金子[1957: 29])とあるように、親鸞は浄土三部経の中でも『無量寿経』を真実の教えを説く経と定め、その経の要を「如来の本願」に絞り、さらにその精髄を「名号」という極限にまで凝縮させていく。この名号こそが救済の原理となる。

これをうけ、行巻の冒頭は「つつしんで往相の廻向を案ずるに、大行あり、大信あり。大行といふは、すなはち無礙光如来のみなを称するなり。(中略)この行は大悲の願よりいでたり」(金子[1957: 37])で始まる。ここで大行と大信が併記され、両者が密接な関係にあることが理解されるが、親鸞の場合、行も信も衆生の側の行為ではなく、阿弥陀仏の側から与えられると考えるところに特徴がある。

この願とは第十七願だが、『無量寿経』では「設ひ我、仏を得たらんに、十方世界の無量の諸仏、悉く咨嗟して我が名を称せざれば、正覚を取らじ」（T. 360, xii 268a24–25）と説かれ、称名といっても、それは自主的に衆生が称名するのではなく、「阿弥陀仏が諸仏に称名させ、その声を衆生に聞かせ、それによって衆生に往生の願いをおこさせ、念仏させる」（石田［1989: 92］）という構図になる。

信巻は「別序」に続き、「つつしんで往相の廻向を案ずるに、大信あり。大信心はすなはちこれ（中略）選択廻向の直心、利他深広の信楽、金剛不壊の真心（中略）なり」（金子［1957: 128］）とし、信心は阿弥陀仏が選択し、廻向された金剛不壊の信心（信楽）とする。行に続き、信も衆生が自発的に発すものではなく、「如来より賜りたる信心」と理解するのが親鸞の立場で、この信心は菩提心であるという。

また後半は、難化の三機（難治の三病）と言われる五逆罪・誹謗・一闡提《いっせんだい》の救済を主題とする。『大乗涅槃経』を長々と引用し、阿闍世王がブッダに教化されて「無根の信」を得る話を引用した後、「いま大聖の真説によるに、難化の三機、難治の三病は、大悲弘誓をたのみ、利他の信海に帰すれば、これを矜哀して治す、これを憐愍して療したまふ」と結ぶ。どんな極悪人も救済されることを、ここで確認している。

さていよいよ証巻であるが、その冒頭で「つつしんで真実証をあらはさば、すなはちこれ利他円満の妙位、無上涅槃の極果なり。すなはちこれ必至滅度の願よりいでたり。また証大涅槃の願となづくるなり。しかるに煩悩成就の凡夫、生死罪濁の群萌、往相廻向の心行をうれば、すなはちそのときに大乗正定聚のかずにいるなり。正定聚に住するがゆへに、かならず滅度にいたる」（金子［1957: 243］）と説き、信心の行者はこの世では正定聚に住し、来世では必ず涅槃に至るという。涅槃という証も、衆生が自力で獲得するのではなく、「必至滅度の願」によって成就される。

以上で教・行・信・証の各解説は終わるが、つぎに真仏土巻と化身土巻が「真／化」の対比で置かれる。真仏土巻は冒頭で「つつしんで真仏土を按ずれば、仏はすなはちこれ不可思議光如来なり。土はまたこれ無量光明土なり。しかればすなはち大悲の誓願に酬報す。かるがゆえに真の報仏土といふ。すでにして願います。すなはち光明寿命の願これなり」（金子［1957: 279］）と述べる。親鸞は阿弥陀仏もその浄土も「光」で表現するのみで、『無量寿経』や『阿弥陀経』のように、極楽の荘厳を詳細に描写しない。親鸞は『観経』の真身観の仏さえ化身と理解する。

これは逆に言えば、きらびやかな極楽の情景や具体的な数量や相好で表現される仏は親鸞にとって方便の言説であり、真の描写は「光」としか言いようのないものなのであろう。

また真仏土巻で特徴的なのは、再び『大乗涅槃経』がおびただしく引用され、「仏性」が論じられていることだ。これについて、石田［1989: 261］は、「こうした経文の引用によって知ることは、仏性は如来の仏性で、衆生はそれを可能体として往生後に顕現し、その顕現を可能にするものは真実信心にほかならない、ということである」と指摘する。

化身土巻の内容

信巻と同様に、最後の化身土巻も異彩を放つ。というのも、親鸞は「私釈」で自説を展開するにあたり、両巻にのみ問答形式を用いているからだ。この場合の「問」は、当時の代表的な疑問を代表しているとも、親鸞自身の自己との対話の中で生じたものとも理解できる。いずれにせよ、そこには問答を通して問題を深掘りしようとする意図が見て取れ、それだけに信巻と化身土巻に対する親鸞の思いが伝わってくる。

つぎに興味を引くのは、その圧倒的な分量だ。全体に占める割合を計算すると、化身土巻が三一パーセント、信巻が二七パーセントであり、この二巻だけで全体の六割弱を占める。価値的に言えば化身土は真仏土に劣るが、ではなぜ化身土巻にこれほどの紙幅が費やされたのか。ちなみに、真仏土巻は全体の一一パーセントで、化身土巻の三分の一程度である。なぜ自らの主著の最後を真仏土巻ではなく、化身土巻で締めくくらなければならなかったのか。

化身土巻の冒頭部分で、真実の浄土実践者でない者たちが赴く先が、懈慢界《けまんがい》や疑城胎宮《ぎじょうたいぐ》という擬似的な浄土であることが示される。では化土に赴く真実の浄土実践者でない者とは、どのような者か。親鸞の求道遍歴を説明する「三願転入」を手がかりに、この問題を考えてみよう。三願とは『無量寿経』の第十八〜二十願をさし、親鸞は第十九願から第二十願へ、そして最後に第十八願へと導かれていったという。この三願は往生するための因を、つぎのように説く。

第十九願：菩提心を発し、諸の功徳を修め、至心に願を起こして、わが国に生まれんと欲す（自力諸行往生・「要門」）

第二十願：我が名号を聞き、念を我が国に係け、諸の徳本を植え、至心に廻向する（自力念仏往生・「真門」）

第十八願：至心に信楽し、我が国に生まれんと欲して、乃至十念す（他力念仏往生・弘願）

第十九願の「諸の功徳を修め」は『観経』の定善と散善に、第二十願の「諸の徳本を植え」は『阿弥陀経』の称名念仏にあたるとされるが、この第十九願と第二十願の実践者が化身土に至る者である。とすると、浄土三部経でも『無量寿経』以外は価値の低い経に格下げされてしまうことになるので、親鸞は「顕彰隠密義《けんしょうおんみつぎ》」という独自の経典理解を展開する。つまり表面的（顕彰）には自力諸行往生（『観経』）や自力念仏往生（『阿弥陀経』）を説いているように見えても、両経の真意（隠密）は『無量寿経』第十八願の他力念仏往生を勧めることにあるという。

行と信をめぐる問題

ではこれをふまえ、化身土巻の意味を考察しよう。教巻から真仏土巻に至る五巻は、親鸞が理解した他力念仏往生の正論（建前）と言える。万全を期した理論武装で自らの思索を展開したが、正論ゆえに易行である浄土教を理論的に難しくしてしまったきらいがある。他力を徹底させれば、信心さえも如来からの賜りものということになるが、一般大衆がどれだけその信心を獲得できたのか。他力に徹することは案外むずかしい。如来より賜りたる信心を獲得できた人は「善人」であり、むしろ化身土巻で言及される化の往生人こそ「悪人」であり、それこそが阿弥陀仏の正機とも考えられる。化身土巻は前五巻の「建前」に対し、念仏往生の「本音」を語っているように思える。

前五巻の冒頭はすべて「顕浄土真（実）〜」で始まるが、この巻だけは「顕浄土方便化身土巻」とし、「方便」が付される。方便の原語は upāya だが、これは「（真理に）近づくこと／到着すること」を意味する。自力諸行往生や自力念仏往生でも地獄に堕ちはしない。あくまで真仏土の化土に往生するのであり、それは方便ゆえに真仏土に連絡している。つまり、化身土を手がかりに真仏土に〝近づく〟ことが可能であり、またいつかは真仏土に〝到達する〟はずだ。とすれば、化身土の存在こそ仏の慈悲の面目躍如であり、『教行信証』の最後に化身土巻が配されたのも肯けるのである。

ここで親鸞浄土教の最大の特徴である信の問題を、行と関連させて考えてみよう。行と信とは密接な関係にあった。法然は両者の関係を「上人つねに仰せられける御詞」で、「一念十念に往生をすといへばとて、念仏を疎想に申すは、信が行をさまたぐるなり。念々不捨者といへばとて、一念を不定におもふは、行が信をさまたぐるなり。信をば一念にむまると信じ、行をば一形にはげむべし」（井川［1952: 112］）と言い、また親鸞も『親鸞聖人御消息』で、「行をはなれたる信はなしとききて候ふ。また、信はなれたる行なしとおぼしめすべし」（聖典［750］）と法然の教えを紹介している。行と信は相即（表裏）の関係にあり、一方のみを選択できない。ただし、どちらを表に出し、どちらを裏にするかは選択の余地がある。では、親鸞の場合はどうか。

『無量寿経』第十八願に「至心・信楽・欲生」という三心が説かれているのに、世親は『往生論』の冒頭で「世尊我一心帰命尽十方無碍光如来願生安楽国」とし、「一心」しか説いていないのはなぜかという問いに、親鸞は「愚鈍の衆生、解了やすからしめんがために。弥陀如来、三心を発したまふといえども、涅槃の真因はたゞ信心をもてす。このゆえに論主、三を合して一とせる歟《か》」（金子［1957: 150–151］）と答える。つまり、親鸞は第十八願の三心を世親の一心と同一視し、その一心を信心と解釈し、なおかつそれを往生の真因ととらえる。

これを承け、いよいよ親鸞は行と信との関係を、「真実の信心は、かならず名号を具す。名号はかならずしも願力の信心を具せざるなり。このゆへに、論主はじめに我一心とのたまへり」（金子［1957: 169］）と明示する。ここでの「名号」は称名、すなわち「行」と置き換えてよい。この一文から、真実の信心は必ず称名を伴うが、称名は必ずしも信心を伴わない、つまり行よりも信が重要視されていることがわかる。内的な信心の獲得は外的には念仏の声となるが、外的な念仏の声からは内的な信心の獲得を必ずしも意味しない。つまり、親鸞は称名念仏の本源を信心ととらえるのである。

ここで重要なのは、その信を得る契機となる「聞（名）」という行為だ。「如来より賜りたる信心」も、自ずからそれが得られたり発動したりはしない。ここに「聞」の存在意義がある。『無量寿経』第十八願の成就文に「其の名号を聞きて信心歓喜し、乃至一念せん」（T. 360, xii 272b8–9）とあり、ここに「聞」と「信」とが言及される。親鸞はこの両者の関係を『一念多念《いちねんたねん》文意《もんい》』で「「聞其名号」といふは、本願の名号をきくとのたまへるなり。きくといふは、本願をききて疑ふこころなきを「聞」といふなり。またきくといふは、信心をあらはす御のりなり。「信心歓喜乃至一念」といふは、「信心」は如来の御ちかひをききて疑ふこころのなきなり」（聖典［678］）と理解する。

まず「聞」という行為があり、それに基づいて「信」が成立するが、その成立の根拠は「無疑（阿弥陀仏の本願に疑いがないこと）」であり、「無疑」に基づき「聞＝信」が成立する。これは真宗でいう安心論義の一つであり、「聞即信」と表現される。こうした「聞即信」が成立しうるのは、すでに聞くことにおいて他力廻向が働いていることが重要であり、親鸞は信の廻向を聞にさかのぼって明らかにする（石田［1989: 182］）。

親鸞の改読

経典や論書を理解する際、親鸞が恣意的と言えるほどに改読していることは有名だ。経典や論書の権威は認めなければならないが、それをそのまま受け取ったのでは、仏教は新たに展開しない。仏教を脱皮させ、新たな地域や時代に根づかせるには、独自の解釈が必要になる。親鸞は仏典の権威は尊重しつつも、漢文の「読みかえ」、すなわち改読という手法で、従来にはない解釈を施し、新たな思想を展開したのである。

その改読には幾つかの型があり、釈［2011: 89］は、「阿弥陀仏の他力」へと転じて解釈する場合、「自己内省」あるいは「人間観」によって改読される場合、そして「自分の思想体系」に基づく改読の場合などがあるという。この改読は恣意的であるから、ここに注目すれば親鸞浄土教の特徴が見えてくる。では、数例を紹介しよう。

まずは称名の「南無阿弥陀仏」だが、普通に読み下せば、「阿弥陀仏に南無（帰命）する」となる。南無（帰命）する主体は「私」だが、親鸞はここに自力の要素を見出し、改読する。親鸞は「私が南無（帰命）する」のではなく、「阿弥陀仏が衆生に南無（帰命）せよ」と命じていると理解する。これを行巻では「帰命は本願招喚の勅命なり」とし、親鸞は阿弥陀仏の勅命として受け取り、その勅命に応じて我々は阿弥陀仏に南無（帰命）することになる。あくまで最初の働きかけ（呼びかけ）は仏の側からなされ、それに応じて衆生はその名を称える。ここでも「聞」が重要になる。その呼びかけに応えるには、まず、その呼びかけを聞くことが必要だからだ。

つぎに廻向を見てみよう。『無量寿経』第二十願は「至心廻向の願」と言われる。「至心に廻向し」の主語は「衆生」だが、親鸞はここに「功徳を廻向する衆生の側の自力」を認め、それを排除すべく廻向する主体を阿弥陀仏に改める。つまり、「〔阿弥陀仏が〕至心に廻向したまへり」（信巻）と改読する。「したまえり」という敬語を用いることで、主語を「衆生」から「阿弥陀仏」に変更するのだ。

親鸞は論書も改読する。『論註』には「作願共往生彼阿弥陀如来安楽国土」とあり、素直に読めば、「共に彼の阿弥陀如来の安楽国土に往生せんと願を作す」となる。この場合、主語は「衆生」であるが、親鸞はこれを「〔阿弥陀仏は〕願を作し、彼の阿弥陀如来の安楽国土に往生せしめたまへるなり」（行巻）と改読する。主語を「衆生」から「阿弥陀仏」に変更すると、「往生す」は「往生せしめたまへり」と使役の文にならざるをえないが、漢文ではそうは読めない。

以上は、自力の要素を排除するための改読だが、つぎは自己内省による改読の例である。これも、自力の排除が根底にある。善導の三心でも紹介した「深心」の解釈だが、原文「不得外現賢善精進之相内懐虚仮」は「外に現賢善精進の相を現し、内に虚仮を懐くことを得ざれ」と読むのが普通だが、親鸞は、衆生（あるいは私）には不可能であるとし、『愚禿鈔』で「外に賢善精進の相を現ずることを得ざれ、内に虚仮を懐ければなり」（聖典［517］）と改読する。

往相の法然と還相の親鸞

最後に、親鸞の教えを法然の教えと比較してみよう。師弟である両者の思想に大きな隔たりはないが、師弟だからといって、その思想が同一であるはずがない。法然は従来の念仏観を根底から覆し、日本ではじめて専修念仏という道を開拓した。道なきところに道を作る作業は相当な気力と体力とを要するが、法然はそれに注力した。一方の親鸞は、法然が開拓した道をまずは進んだ。もう道は整備されているので、そこを歩くのは簡単だ。しかし親鸞はある程度進んだところで、独自の道を歩み出す。

法然は、念仏のアイデンティティを選択本願念仏に変更し、念仏こそが万人に実践可能かつ有効な行として阿弥陀仏に選択されたことを示した。法然は此土から彼土という往相の道を開拓したのだ。一方の親鸞は、法然が開拓し、見通しがついた此土から彼土への往相の道を進み前方を眺めたが、進むにつれ親鸞自身に新たに見えてきたものがあった。「往相の道があれば還相の道もあるはずだ。そして往相も還相も結局は阿弥陀仏によって廻向されたものではないか。とすれば、信心や念仏さえも阿弥陀仏によって廻向されたものと考えるべきだ」等々、親鸞は法然が拓いた道を歩み、その道から浄土を眺めると、新たな着想が浮かび、いわばそれを言語化した。つまり、法然が此土から彼土への往相の道を開拓したのに対し、親鸞は彼土から此土への還相の道を開拓したといえる。

偏依善導を標榜した法然だが、結果として法然は善導の教えから逸れ、独自の思想を展開した。同様に、法然に騙されて地獄に堕ちても後悔しないというほど法然に心酔した親鸞だったが、法然の教えの枠内に留まったわけではない。

親鸞と法然の違い

ではここで法然との比較において、親鸞の教えの特徴をまとめてみよう。比較のポイントはいくつかあるが、ここでは信、凡夫の主体性、そして還相廻向の三点に絞る。

まずは信の問題。信と行とは表裏（相即）の関係にあるが、親鸞は信を表面に立てたので、結果的に行が裏面に隠れる。相即の関係とはいえ、親鸞の浄土教では信が前面に出て、信が行を支える。一方、法然の立場は「行」重視である。法然の遺言『一枚起請文』の最後は、「ただ一向に念仏すべし」である。善導は「三心＋念仏」を往生の要件としたが、法然は三心を念仏に収めとり、念仏を称えれば自ずと三心は具わると説いた。よって、信心も念仏を称えることで具わるというのが法然の立場である。

また『選択集』の冒頭には「往生之業念仏為先（あるいは「為本」）」と宣言されており、「念仏」という行の重要性が表明されているが、蓮如の『御文』には「聖人一流の御勧化のおもむきは、信心をもて、本とせられ候」（大谷［2001: 18］）とあり、信心を重視する親鸞の立場が表明されている。これをもって「念仏為本」は法然の立場、「信心為本」は親鸞の立場ということになろう。また信心そのものも、親鸞は如来から廻向されたと考えるが、法然にそのような考え方はない。

つぎは凡夫の主体性である。これは仏と凡夫の関係と考えてもよい。法然も他力を強調し、阿弥陀仏の本願力という他力で救済されるというのは確かだが、「我が名を称えよ」という阿弥陀仏の呼びかけに、「南無阿弥陀仏」と応答する凡夫の主体性を認めている。よって、仏と凡夫との間に呼応関係が成立するが、親鸞は信も行も阿弥陀仏より与えられたものと考え、信をもたらす「聞」も、衆生が「聞く」のではなく、「聞かされる」と考えるので、凡夫の主体性は徹底的に排除される。つまり、親鸞の浄土教における仏と凡夫の関係は、呼応関係ではなく、仏から凡夫への一方向性ということになろう。ここにも、法然と親鸞の大きな違いが認められる。

最後は還相廻向について。『教行信証』教巻の冒頭は、往還二種の廻向に言及するが、このうち還相廻向が親鸞の浄土教の特徴である。法然は穢土から浄土へと往生する往相を説くが、還相にはほとんど触れない。法然が依り所とした善導は、『往生礼讃』で「彼の国に到り已って六神通を得て十方界に入りて苦の衆生を救摂せん」（T. 1980, xlvii 440c20–21）、また『法事讃』で「弥陀の安養界に到りなば、穢国に還り来りて人天を度せんことを誓う」（T. 1979, xlvii

431b2-3）など還相に言及するが、法然にはこのような記述はあまり見られない。『一百四十五箇条問答』に「極楽へ一度生まれ候ぬれば　長く此の世に返る事候はず、皆仏に成る事にて候也。但し人を引導せん為には殊更に返る事も候」（石井［1955: 652］）とあり、またその他の文献に若干の用例が確認できる程度だ。さらにその廻向の主体を、法然は（曇鸞・善導もそうだが）「衆生」とするが、親鸞は「阿弥陀仏」とする点も異なる。

親鸞の功績

最後に、親鸞の功績を指摘しておく。『教行信証』の基調にあるのは何か。それは大乗仏教としての浄土教である。時代的背景もあるが、法然は末法という時代に生きる凡夫に相応しい行として称名念仏を選択し、称名念仏こそが時機相応の教えであることを証明することに全精力を傾注した。それを承けた次世代の親鸞は、師である法然が樹立した浄土教を大乗仏教の本流に位置づけようとしたのである。ここでは、還相回向、菩提心、仏性、そして一乗思想、の四点に絞って考察する。

浄土教は娑婆世界（穢土）から阿弥陀仏の極楽世界（浄土）への往生を最終目的とするかのごとき印象を与えるが、これは道半ばである。大乗仏教は成仏を目指すが、浄土教も大乗仏教の流れを汲む教えであるかぎり、往生浄土によって成仏を目指す。しかし、成仏が最終目的ではない。成仏した後には、苦海に沈む衆生を救済するのが大乗仏教の精神である。そこで親鸞は曇鸞の『論註』に基づき、往相に加えて還相を強調し、浄土教が大乗仏教の本流にあることを再確認した。ただし、この二つの回向を阿弥陀仏からの回向ととらえる点に、曇鸞とは違う親鸞の独自性がみられる。

つぎに菩提心だが、これは大乗仏教の出発点であり、成仏という結果も菩提心を発すことを出発点とするので、菩提心を否定して大乗仏教は成り立たない。しかし、法然はその菩提心を否定したので、明恵は『摧邪輪』において法然を厳しく批判した。明恵にとって、「菩提心の否定」は「大乗仏教そのものの否定」を意味したに違いない。否、明恵のみならず、当時の仏教界にとっても、法然による菩提心の否定は大きな衝撃であっただろう。そこで、親鸞はその明恵や当時の仏教界の批判に答えるべく、菩提心の浄土教的解釈を試みる。

『教行信証』の信巻では、菩提心を「横／竪」と「超（飛び超える）／出（進み行く）」の組み合わせで四つのパターンに分類（竪出・竪超・横出・横超）し、仏教の教判を試みる。このうち、「横超」こそが阿弥陀仏の本願力で回向された信楽（＝信心）であり、これが浄土教の菩提心であると定義される。こうして菩提心の解釈を変えることにより、法然がいったんは否定した菩提心を親鸞は再び浄土教的に甦らせた。

つぎは仏性。大乗仏教の中期以降、如来蔵思想がインドに誕生し、一切の衆生が成仏できる根拠として仏性思想がおこなわれた。これも大乗仏教の核となる思想である。法然は平等性を追求すべく、誰でも実践でき、また誰でも成仏できる行として称名念仏を選択した。その教えを受けた親鸞も平等性を追求し、『教行信証』真仏土巻の後半では、先にも触れたが『大乗涅槃経』を大量に引用しつつ、難化の三機（五逆罪・誹謗・一闡提）の救済をテーマに論じているが、ここでもその仏性の顕現をもたらすのは信心であるから、親鸞は仏性も浄土教的に解釈しなおしたのである。

最後に一乗思想の問題だが、インドで大乗仏教徒たちは自らの立場を菩薩乗と表明し、旧来の仏教を声聞乗や独覚乗（縁覚乗）と呼んで差別化した。こうして三乗が誕生する。般若経類や〈維摩経〉は声聞乗や独覚乗を厳しく批判し、菩薩乗こそが真の覚りに至る道であると主張した。しかし、声聞乗や独覚乗に〝対する〟菩薩乗では相対的立場に堕してしまうため、その三乗を一（仏）乗に収め、三乗は方便として説かれただけで、本来は一乗しかない、というのが〈法華経〉の立場である（詳細は平岡［2012］）。

この教えを受けた日蓮は、法華経を顧みなかった法然を痛烈に批判した。日蓮より四〇歳年上の親鸞は、『教行信証』を著した時点ではその批判を知らなかったであろうが、比叡山で学んだ親鸞は法華経の一乗三乗の問題は充分に認識していたはずである。よって親鸞は法華経のいわば専売特許であった一乗思想も浄土教的に解釈しなおし、浄土教に取り込む。『教行信証』行巻を見てみよう。

> 一乗海といふは、一乗は大乗なり。大乗は仏乗なり。一乗をうるは、阿耨多羅《あのくたら》三藐三《さんみゃくさん》

菩提《ぼだい》をうるなり。阿耨菩提《あのくぼだい》はすなはちこれ涅槃界なり。涅槃界はすなはちこれ究竟法身なり。究竟法身をうるは、すなはち一乗を究竟するなり。（中略）一乗を究竟するは、すなはちこれ無辺不断なり。大乗は二乗三乗あることなし。二乗三乗は一乗に入らしめんとなり。一乗はすなはち第一義乗なり。たゞこれ誓願一仏乗なり（金子［1957: 105–106］）。

このように親鸞は、〈法華経〉の独創である一仏乗の教えを「誓願一仏乗」、すなわち阿弥陀仏の本願に換骨奪胎させて自己の思想に取り込むが、その論法は〈法華経〉を彷彿とさせる。つまり、仏教に多種多様な教えはあるが、すべては阿弥陀仏の本願他力の教え一つ（一仏乗）に納まるというのが親鸞の仏教理解、すなわち教相判釈なのである。

以上、親鸞は廻向や信心を核に大乗仏教の根幹をなす諸思想を再解釈し、本願他力の思想のもとに大乗仏教を再構築していったといえるが、ここに親鸞の功績があると考える。

終章　変容する浄土教

一　仏教変容のダイナミズム

浄土教変容のポイント

以上、仏教発祥の地インドから中国を経て、日本の中世（法然・親鸞）までの浄土教の変遷を概観してみた。最初に、法然や親鸞の浄土教では〝当たり前であった〟前提も、中国やインドでは〝当たり前でなかった〟という事実が確認できたのではないか。変容した点はいくつかあるが、ここでは重要なポイントにのみ絞り、ここまでの流れを整理してみよう。

インドの浄土教が中国に入ると、念仏の持つ「止観」という瑜伽行唯識派の自力的要素はすっかり抜け落ちてしまったが、まず最大のポイントは「十念」から「十声（十称）」への変容である。『無量寿経』の第十八願には「十念」とあり、「念」と漢訳される原語は cittotpāda = citta（心）+ utpāda（起こすこと）=「心を起こすこと」、つまり阿弥陀仏の名前を聞いて極楽に心をかけ、十回心を起こすこと（＝極楽浄土に往生したいという心を十回起こすこと）である。

三業（身業・口業・意業）で言えば、この十念は「意業」であるが、善導はこれを「十声」と改読したことで「口業」への変容が生じた。伝統仏教の仏典では、「念」と「称」とは極めて近い関係にあったし、また中国でも両者は近い関係で説かれていたのは確かだが、善導は両者の距離を一気に縮めて、というか同一視し、「念」を「称」に読みかえた。まずここに、浄土教の大きな変容を確認できる。

つぎは善導から法然へと受けつがれる段階で生じた変容に注目する。善導は往生行を十念から十声に変更したが、この十声の念仏に加え、『観経』で説かれる三心（至誠心・深心・廻向発願心）も往生の要件とした。「偏依善導」を標榜した法然だったが、すべての点で善導の教学をそのまま無条件に受け取ったわけではなかった。

〝選択〟にこだわった法然にとって、往生の要件が「念仏＋三心」では具合が悪い。選択されるべきは、最終的に「一つ」だからだ。そこで法然は念仏を最終的に選択したが、偏依善導の法然にとって三心を重視した善導を無視するわけにはいかない。そこで「三心は念仏に収まる」という新たな解釈を試みたのである。こうすることで、偏依善導という看板に偽らず、なおかつ法然独自の浄土教理解を示すことができた。

つぎに、法然から親鸞へと伝承された浄土教の変容である。親鸞も師匠の法然から大きな影響を受けたが、その思想は法然の教えの枠内に留まってはいなかった。法然の「念仏重視（念仏為本）」は、親鸞に至って「信心重視（信心為本）」へと移行する。無論、両者は表裏の関係にあり、まったく別物ではないが、法然の場合は念仏が表面、信心が裏面であるのに対し、親鸞の場合は信心が表面、念仏が裏面となり、表裏が入れ代わる。また廻向についても、法然は衆生の側の廻向を認めるが、親鸞において廻向はすべて、衆生ではなく仏の側の関心事となり、大きな変容を遂げた。

また、往生行の流れは、時間の経過とともに、身体性が欠如する方向へと変容していく。浄土三部経では多様な行（功徳を修する・徳本を植える）が往生の行とされたが、それが世親に至って止観という瑜伽行（自力）に収斂し、中国に入ると、曇鸞はそこから瑜伽行の止観的要素（自力的要素）を排除した。

そして、善導の三心と称名念仏を経て、法然は三心を称名念仏に吸収してさらに簡素化し、さらにはそれが親鸞の信心まで進むと、もはや行は必要ないところにまで浄土教はいきついてしまう。これほどまでに変容した浄土教は、はたして仏教と言えるのかという疑問が生じる。起源重視の発想からすれば、このような仏教は仏教ではなく、仏教の仮面をかぶった別の宗教と揶揄されても不思議はないが、この問題は後ほど再び取りあげる。

名号の言霊化

日本で念仏といえば「南無阿弥陀仏」であるが、本来は「仏を念ずること」であり、また〈無量寿経〉の第十八願の「十念」は「十回、心を起こすこと」だったので、「南無阿弥陀仏」とはまったく無関係であった。また、仏教の言語に対する基本姿勢は、龍樹の二諦説が如実に示すように、能詮（言葉）と所詮（言葉によって意味される対象）とを区別した。にもかかわらず、念仏が「南無阿弥陀仏」という名号を意味するようになり、また能詮と所詮とを同一視して、言葉（南無阿弥陀仏）を実体視し、その名号に特別な力を認める方向へと変容していく。

曇鸞は『論註』で名号を論じ、名号には功徳が具わっていることや、名号はその性質（体）を現していると説くが、これは諸仏一般の名号なのであって、南無阿弥陀仏という名号を本格的に解釈したのは善導であった。

善導は『観経疏』「玄義分」において、摂論宗からの論難、つまり「『観経』下品下生の念仏は釈尊の別時意説であり、唯願無行（願だけで行がない）である」という論難に答えて、「南無」は「帰命／発願廻向」（願）の意、「阿弥陀仏」は「即是其行（即ち是れ其の行なり）」（行）の意であるから、名号は願と行を具えているという。つまり、名号は願行を具足し、衆生を往生させる力を具えていると善導は主張したのだ。

日本に目を移すと、法然の名号観は『選択集』第三章に見られる。ここでは阿弥陀仏が本願念仏を選択した理由を、「勝／劣」と「難／易」で説明するが、このうち、念仏が「勝」であることについて、その理由を「名号はこれ万徳の帰する所なり。しかれば則ち、弥陀一仏の所有の四智・三身・十力・四無畏等の一切の内証の功徳、相好・光明・説法・利生等の外用の功徳、皆ことごとく阿弥陀仏の名号の中に摂在せり」（大橋［1997: 50］）と説く。

「阿弥陀仏」が〝仏の単なる名称〟ではなく、〝さまざまな功徳が詰め込まれた名称〟であり、さらには、名号は〝名称〟ではなく〝仏〟そのものと見なされる。（ちなみに浄土宗では、法要などで名号が阿弥陀仏像に代用されることがある。）

さらに親鸞は、善導の名号解釈を承け、『教行信証』行巻において独自の名号観を展開する。

しかれば南無の言は帰命なり。（中略）帰命は本願招喚の勅命なり。発願廻向といふは、如来すでに発願して衆生の行を廻施したまふの心なり。即是其行といふは、すなはち選択本願これなり（金子［1957: 74］）。

善導は名号の六字を衆生の側から解釈したが、親鸞はこれを阿弥陀仏の側から解釈しなおし、「帰命」は阿弥陀仏の勅命、「発願廻向」は阿弥陀仏が願を発して衆生に廻向したもの、「即是其行」は阿弥陀仏の行、すなわち選択本願と理解した。もはや名号は「南・無・阿・弥・陀・仏」という六個の漢字が寄り集まった〝単なる言葉〟ではなく、〝阿弥陀仏の慈悲〟そのものに変容する。

インドには本来、能詮と所詮とを同一視する態度が見られたし、能詮と所詮との区別を建前とする仏教にも、すでに伝統仏教の中に、「語られた真実は言葉の内容を実現させる力を秘めている」という「真実語」の用例や、「ブッダ」という〝音〟がそれを聞く者に鳥肌を喚起させるパワーを持つとする用例があることもすでにみたとおりだが、六字の名号は中国や日本に伝播するにつれ、徐々に本国インドの呪術的要素を取り戻して（あるいは、日本の言霊信仰に触発されて）、言霊化（言葉の実体化）していった。

浄土教が簡素化の道を辿ったことはすでに確認したが、贅肉をそぎ落とせば落とすほど、落とした贅肉の分だけ、あるいはそれ以上に、六字の名号自体は「重み（重要性）」を増すことになった（これは日蓮の唱題「南無妙法蓮華経」にも当てはまる）。

変容する浄土教

では、どうしてこれほどまでに浄土教は変容したのか、あるいは、しなければならなかったのか。もう一度、序章に立ち戻って確認してみよう。まず指摘すべきは、〝解釈〟という手法である。ブッダの説法の基本は対機説法だったので、説法の現象面だけをみれば、矛盾した言説も散見する。第一結集では、ブッダの直弟子たちが集まって経や律を編纂した。しかし、いったん編纂し、客観的に全体を俯瞰してみると、同じことでも経典によって異なっていることがわかった。では、この矛盾をどう解消するか。

仏教徒は「ブッダは間違ったことを言うはずがないから、どちらも正しいはずだ」と考えた。しかし、これだけでは矛盾は解決しない。そこで登場する手法が〝解釈〟である。「了義（文字どおりに受けとってもよい説）」と「未了義（文字どおりに受けとってはいけない説）」という解釈で両立（会通）を図ったのである。このような態度は、インドだけでなく、中国や日本においても連綿と受けつがれてきたのであり、ここに仏教が変容する第一の要因が認められる。

これに加え、仏教の言語観も変容を促進した。キリスト教の聖書は「クローズド・キャノン」と呼ばれ、変更は許されない。一方、仏教の聖典は「オープン・キャノン」と呼ばれる。真理は表現を超えているが、その真理を表現する言葉は多種多様であってよいという考え方が仏教の基本にあるからだ。

本書ではダルマという言葉を手がかりに、この問題を整理した。ダルマには「理法（表現を超えた真理そのもの）」と「教法（その理法を言葉で表現した教え）」の両義があり、理法を表現する教法としてのダルマは、種々さまざまであってよい。仏教の中には真言に代表されるように、言葉に呪力を認める考え方もあるが、仏教は基本的に「言葉は真理を表現する媒体」と考える。

このような要因により、仏教は「経典の一字一句は何も足さず何も引かずに伝承すべし」という態度は取らなかった。しかしそうかといって、以前の伝承をまったく無視して新たな思想を展開したわけではない。どこの文化にも、伝統を重んじる傾向はあるし、仏教も例外ではなかった。伝統はある意味で〝権威〟であるし、権威は尊重されなければならない。そこで仏教も伝統は尊重し、ある一定の枠は意識しながらも、その枠内で許される最大限の解釈を行ったのである。

現代社会は「新しいものほどよい」という価値観に基づいているため、科学技術を駆使して日々新たな製品が誕生するが、宗教は伝統を重視するので、古いものに価値が置かれる。よって伝統という権威は無視できないが、これを墨守すれば、新たな価値は創造できない。そこで、過去の伝統には一定の権威を認めつつも、そこに新たな解釈を加え、過去の伝統に少しずつ変更を加えていった。

このような態度には、仏教の根本思想である「縁起」が影響しているかもしれない。時間的にみれば、過去を縁として現在が生起し、現在を縁として未来が生起するというのが縁起の見方であるから、縁起は時間的には「変化しながら相続する」と表現できる。解釈はあくまで過去の仏典に基づいて行われる変更であり、それを無視して行うことはない。こうして第一段階目の変容が起こる。

つぎは、その変容した仏典の解釈に基づき、次世代の仏教徒がさらに新たな解釈を加えていく。こうして第二段階目の変容が起こる。これを何度も繰り返して仏典は再解釈されていくので、インドで誕生した浄土教も、千年後の日本では法然や親鸞の浄土教に代表されるように、ずいぶん様変わりした浄土教に変容してしまった。このように、過去から現在、そして現在から未来へと、仏教は変化しながら相続していくことになる。解釈→再解釈→再々解釈……という流れである。

時機相応

法然の業績は、専修として「念仏往生」の〝教え（teaching）〟を説いたことにあるが、しかし私はそれ以上に「時機相応」という法然の〝態度（attitude）〟に、より大きな価値を認めたい。

法然が末法の時代に生まれていなければ、念仏往生という〝教え〟は説かなかったであろう。時機相応を大切にした法然なら、その時代に相応しい別の教えを説いていたに違いない。普遍性が高いのは念仏往生という〝教え〟ではなく、時機相応という〝態度〟である。ある意味、教えに普遍性はない。相手によって教えの内容は変わるからだ。むしろ大事なのは、「その時代、そしてその時代に生きる人間、苦しむ人間にとって、もっとも相応しい教法とは何か」を問い続けること、その態度こそが仏教を存続させる上で、教法以上に普遍性と重要性を持つ。

ではここで、仏教という宗教の本質を考えなおしてみよう。仏教とは真理に目覚めることで苦からの解脱を目指す宗教であった。仏教のキーワードは多々あるが、「苦」は確実にその一つである。この苦からの解脱を目指す宗教、それが仏教なのである。そのためには真理に目覚める必要があるが、それを助けるために〝教え〟が存在する。つまり教えは、真理に目覚めて苦から解脱するという目的のための〝手段〟に過ぎないのだ。教えに固執する必要はない。初期経典に見られる「筏の喩え」がこれを端的に表現している。理法としてのダルマは普遍だが、教法としてのダルマは普遍ではない。

そう考えると、仏教にとって重要なのは、仏典の一字一句を正確に伝承することではなく、仏典が伝承される地域や時代に相応しい教えとして仏教を脱皮させているかどうかだ。解釈はむしろ、中国や日本では、仏典間の齟齬を解消するというより、仏典の記述と自己の体験の溝を埋め、時機相応の教えとして仏教を脱皮させるために試みるべきものと言える。仏教徒は自分が生きた時代、そしてその時代に生きる人間にぴったりあった教えを模索すべく、仏典に独自の解釈を加え、新たな思想を展開していったのだ。ここに仏教変容のダイナミズムを認めることができる。

二　変容は必然

理法から教法へのトランスレーター

ここで、さきほど保留した問題を考えてみよう。ブッダが説いた教えにこそ仏説の意味があり、それゆえに権威があるというのはわかりやすい。しかし、仏教は発祥の地インドにおいてさえ、仏滅後しばらくして大乗経典という新たな経典が創作された。しかも膨大な数だ。どの大乗経典も「仏説」を標榜するが、この〝仏〟は〝歴史的ブッダ〟ではありえない。にもかかわらず、大乗経典が仏説としての権威を持つに至ったのはなぜか。「真理自体は、言語をはじめ、あらゆる表現を超えているが、その真理を表現する方法は多種多様にありうる」という観点から、この問題を考えてみよう。

法（dharma）は多様に解釈される。語源的には動詞√dhṛ（保つ・維持する）に由来する名詞なので、本来は社会や世界を維持する「法則・理法」や、宇宙を貫く「道理・真理」をも意味する。そして仏教ではブッダが説いた「教え」も意味するが、本書では、真理そのものを「理法」、その理法を言葉で説明したものを「教法」と呼んで、論を進めてきた。理法は一切の表現を超えた形而上の存在であるため、何らかの媒体（言語・造形など）によって表現されないかぎり、常人には認知されない。逆に言えば、理法は何らかの形（形而下）をとって、はじめて常人に意味を持つ存在となる。つまり、理法はトランスレーター（通訳者・翻訳者）を必要とするのだ。

理法の世界に最初に悟入し、その理法を言語によって通訳し翻訳したのが仏教の開祖ブッダであったが、翻訳するには理法との壮絶な格闘があったに違いない。その意味で、理法の通訳者・翻訳者は、理法との〝格闘家〟でもあると私は考える。たとえば、ブッダが苦行に打ち込んだ六年、また法然が黒谷に籠もった二五年は、二人が理法と死に物狂いで格闘していた時期とみることができよう。

ブッダは理法の世界に飛び込み、その世界を言葉で見事に表現した。それが「教法」としてのダルマだ。その言葉はあくまで〝媒体〟に過ぎず、ブッダは相手によってその表現形態を変えたので、表層（言語表現）のみに注目すれば矛盾する言説も散見する。表面上は矛盾していても、ブッダは無意味なことは言わないと考えられたので、その真意（密意）を探ることが重要になる。また「何であれ、善く説かれたものは、すべて世尊・阿羅漢・如来の語である」という経文はすでに紹介したが、理法としてのダルマをうまく表現する人は「仏」であり、その仏をブッダに限る必要はない。

最初期の仏教教団では、ブッダ以外にも「仏」と呼ばれていた仏弟子がいたが、教団の組織化にともない、本来は普通名詞であったBuddhaは固有名詞化され、ブッダのみを指し示すようになった。つまり、伝統仏教において理法としてのダルマをうまく表現する人（理法の通訳者）は「ブッダ」に限定されていたが、大乗仏教の時代を迎えると、理法の通訳者は複数になり、大量の大乗経典が産出された。

言葉（あるいは初期経典の言葉）を絶対視すれば、大乗経典や大乗仏教は存在しなかったが、理法は一つでも教法は複数存在しうると考えられたので、仏教は多様な変化を遂げた。よって中国や日本でも新たに経典は創作されたが、残念ながらそれらは「疑経（偽経）」と呼ばれ、インド撰述の経典とは区別された。当時においても、本国インドの持つ権威は絶大であったのだろう。そこで、中国における理法の通訳者たちが再解釈した独自の仏教思想は「論」として展開されたが、内容によっては経典と同様の権威や価値が認められることもあった。

宗教体験の重要性

インドから日本に至る浄土教家（龍樹・世親・曇鸞・道綽・善導・法然・親鸞など）は、いずれも〝学者〟であると同時に敬虔な〝仏教徒〟でもあった。彼らは仏教の実践者であり、実践を通して自らの思索を深め、新たな思想を樹立していった。善導や法然は「三昧発得」という宗教体験をしていたと言われている。

宗教体験とは、ある意味で「理法としてのダルマと接触した体験」と言える。たとえば、仏教の開祖ブッダは真理に目覚めて、文字どおり「ブッダ（目覚めた人）」となったが、これはブッダにダルマ（理法）が顕現したのであり、ブッダはダルマと接触した。その体験を通じて、さまざまなダルマ（教法）が言葉として結実したわけであるが、このダルマとの接触体験が宗教体験であり、さきほど言及した浄土教家も何らかの神秘体験をしていたことは想像に難くない。

仏典を読み、自らの修行体験の中で必死に「苦からの解脱」を求める中で、彼らは理法と格闘し、「仏典の読誦」と「修行の実践」とを往還しながら、理法の〝声なき声〟を聞こうとした。この理法としてのダルマは真理そのものであるから、「法身仏」と置き換えてもよい。こうして運よく宗教体験し、法身仏とコミュニケートできた者は、法身仏から自らの新たな解釈に〝お墨付き〟を得たと確証すると、その解釈を教法として表出し、論書としてまとめ上げた。ここで彼らは「法身仏の〝聞き手〟」から「論書（インド大乗教徒の場合は「経典」）の〝語り手」へと姿を変える。

彼らは法身仏の代弁者となるから、この意味では論書も仏説と言える。最初に本庄のアビダルマ仏説論を紹介したが、このような文脈で考えた場合、彼の指摘はまったく正しい。善導は『観経疏』の最後で「本書＝経法」と明言しているが、それは間違ってはいないのである。

中観学派の説を構築した龍樹が初地の菩薩と考えられ、大乗瑜伽行学派の基盤を創った無著が一生補処の菩薩である弥勒と交感したとする説などは、部派仏教においてアビダルマが仏説とされ、あるいは阿羅漢の説とされたことと平行関係にあると本庄［2011: 114］は指摘する。彼らも修行実践を通して宗教体験をしていたと考えられよう。

セム系の一神教では、預言者は神の代弁者という性格を持つが、仏教における宗教体験者はこの預言者に近い。つまり、「神：預言者」＝「法身仏：宗教体験者」という関係になる。ただし、預言者は神から一方的に選ばれるのに対し、仏教の宗教体験者は自ら進んで声を聞こうとする違いはあるが、ここで紹介した浄土教家は皆、「理法（法身仏）のトランスレーター」と理解することも可能なのではないか。

諸学者の批判

このような変容の激しい浄土教も仏教であるとするなら、それは何をもってそう主張しうるのかを考えてみたい。藤田［1985: 128–130］は、善導が十念を十声と読みかえたことについて、津田左右吉の批判を紹介する。仏教嫌いの津田［1957: 5］は、「故意の改作と錯誤との二つのみちすぢが考えられるが（中略）、彼等の尊重する経典そのものに対しても、彼等みづからのしごととしても、極めて不忠実な、恣な、また甚だしく不用意な、しわざであつたに違ひない」と厳しく批判する。

これに対し藤田は、これを注目に値する説としながらも、「道綽や善導の書きかえが文献の単なる改作や錯誤ではなく、深い宗教体験に基づいた書きかえであり、したがって個人的な恣意によるものではなく、これこそが仏の本意にかなうという、仏教の本流の思想に根ざしたものであることを明らかにする必要がある」と前置きし、「法然や親鸞のような宗教的天才はその深い宗教体験で全く独創的に経典を読みこなし、ブッダの福音を自己の経験で解釈した」（取意）という鈴木［1970: 362］を引用する。

津田と同様に、末木［2004: 95］や平［1992: 163–165］も批判的な態度をとるが、本庄［2011: 118–120］は、「「よほどすぐれた仏教学者の中でも常識化していない」点について具体的に述べる」と皮肉たっぷりに前置きした後、二人の説を批判する。まず末木は「選択」について、

「教判という面から最も重要なのは釈迦の選択である。なぜならば、弥陀が選択したというだけならば、弥陀を信ずる人には絶対であるかもしれないが、仏教全体の中で優越性を主張することはできない」と述べ、阿弥陀仏ではなくブッダの選択にこそ権威があると説く。これに対し本庄は、「問題は、あらゆる仏教徒にとって、その釈迦の直説じたいが吟味されなければならない点にあり、宗ごとに解釈の異なる余地があるという点にある。「釈迦の説であるから／経典にあるから」ということだけでは、最終的な根拠とはなりえないのである」と指摘する。

つぎに平は、法然が聖道門を捨て浄土門に帰する根拠を、ブッダ（あるいは仏説の経典）ではなく、道綽や善導という人師の説に求めていることには説得力がない旨の指摘をしている。末木と同じように、平もブッダこそがすべての権威だと主張する。これに対し本庄は、「そもそも釈迦の直説じたいが仏教の揺籃期以来区々なのであり、釈迦の直説を提示したとしても、「それはそちらの宗でこそ了義経であろうが、こちらの宗では未了義である」と返答する立場もある」と指摘する。三人の批判は主に中国や日本の仏教に向けられているが、仏説が仏説であるという理由で〝最終的な正しさの根拠とされる〟事態は、すでにインドの部派仏教の時代において消滅している（本庄［2011: 118］）。

ここで、本庄の重要な指摘を再録しておこう。要点は「宗義に基づく、あるいは宗義を立てるための聖典解釈においては、仏説の表面的な文言よりも、解釈者の解釈が優先される」という一文に尽きる。このような解釈は、宗義において「解釈者の恣意性が含まれているから間違っている」のではなく、「解釈者の深い宗教体験が脱皮させた新たな仏説」という意味を持つ。大乗経典も歴史的なブッダの説ではないので、その意味では仏説ではないが、理法（法身仏）の代弁者が語ったとすれば、立派な仏説である。

大乗経典の創作者たちは、理法（法身仏）との接触・格闘・対話により、従来の仏教思想を大胆に解釈しなおし、新たな経典を創作した。またインド・中国・日本の諸師が打ち立てた諸説も、自ら仏説とは標榜しないが、仏説としての価値を持つ。並川［2017: 116］は「ゴータマ・ブッダから始まった仏教は、宗教的体験に基づいて自己確立を成し遂げた数多くの仏教者たちの連続面として捉えることができる」と的確に指摘する。

これからの日本仏教

ただし、その解釈が妥当かどうか、恣意性はないのか、あるいは、本当に理法（法身仏）の声なき声を忠実に翻訳したものなのかどうかは、にわかに判断できない。判断基準があるとすれば、それが苦の滅に資する教えとして継承され、後世に生き残るかどうかだ。膨大な数に上る大乗経典はすべて「仏説」を標榜し、文献としては現存するが、そのうちのいくつが真の意味で現代人の苦の滅に資する役割を果たしているのか。果たしていなければ、それはもともと仏説ではなかったし、仏説であったとしても、ある時期に経典としての役目を終えている〝捨てられた筏〟と考えざるをえない。

真に理法の世界に悟入し、その体験（つまり宗教体験）を如実に言葉で表現したり思想として体系化できていれば、その言葉や思想には理法が息づいているはずである。それは単なる「世俗（言葉）」ではなく「世俗〝諦〟（理法が息づく言葉）」である。その言葉や思想は苦の滅に資する教えとして継承され、後世に生き残るに違いない。

法然や親鸞の教えは八〇〇年が経過した現在でも生き残っているので、今のところ、その存在意義はまだあると考えられるが、将来的にはどうか。これは法然や親鸞の思想の普遍性もさることながら、後進の努力にも大きく依存している。時機相応の重要性はすでに指摘したが、後進の学徒が法然教学や親鸞教学を時機相応の教えとして脱皮させる努力をしているのかどうかが問題である。祖師の教学を深く研究したり、また祖師の追体験（宗教体験）をするのも重要だが、それに加えて現代という時代をしっかりと見すえ、またその時代に生きる人間の苦や悩みと真剣に対峙し、そして両者を切り結ぶ努力を怠れば、法然浄土教も親鸞浄土教も〝過去の遺物〟となるほかはない。

話は少しずれるが、小谷信千代の論攷により、いま浄土真宗内では親鸞の「現世往生」を巡って議論が白熱しているようだ。往生は来世か現世か。真宗内には現世往生論が根強くあるが、小谷はそれが後世の誤解の産物であると断罪する。これについて私は判断を下せる力量を持たないが、「変容は仏教にとって必然」とするなら、真宗教学としてそれをどう位置づけるかは別にして、それも一つの解釈（脱皮の姿）としてはありえる。ただし、その解釈が深い宗教体験に基づく普遍性を持つかどうかは、今後、それが苦の滅に資する教えとして生き残るかどうかにかかっているだろう。

それはさておき、檀家制度が崩壊しつつある現代、旧態依然とした仏教は社会にアピールしない。現代社会に「理法の翻訳者」が新たに現れ、時機相応の教えを説き、そこに普遍性が認められれば、今度はそれが浄土宗や浄土真宗に代わり、新たな役割を果たすことになるだろう。「新興宗教」という名称はマイナスの価値観を含んでいるが、法然浄土教も親鸞浄土教もその当時は新興宗教であった事実を想起すべきである。両者とも祖師の教えの説得力および後進の努力等により今日の地位を築いてきたが、新たな脱皮や変容を遂げなければ、新興の宗教に交替を余儀なくされる。浄土宗や浄土真宗にかぎらず、日本の宗派仏教はいま岐路に立たされている。岸にうち捨てられた筏になり下がるのか、はたまた新たな命が吹き込まれた乗物として再生するのかが問われているのである。

原理主義と仏教――「時機相応」再考

では最後に、仏教という宗教の本質を「原理主義（fundamentalism）」という視点から考えてみよう。「イスラム原理主義（者）」という表現をよく耳にするが、原理主義とは本来キリスト教にしか使わない。原理主義とは「聖書の無謬性を信じ、聖書に書かれていることは絶対で、聖書の記述をすべて歴史的事実と受け取る考え方」を意味する。しかし、ここでは原理主義の意味内容をやや広くとり、「聖典（経典）および教祖を絶対視する考え方」と定義しておこう。では、仏教はどうか。

結論を言えば、仏教は原理主義ではない。そのような仏教の本質を明快に提示したのが並川孝儀の『ブッダたちの仏教』だ。普通、仏教と言えば「仏の教え」、そしてその仏とは「歴史的ブッダ」を意味するが、本書はそれに異を唱える。すでにブッダの時代、「仏」と呼ばれる仏弟子は存在したのであり、仏をブッダには限定しなかった。本来、仏教とはそういう宗教だったのであり、その経典も「初期経典」に限定する必要はない。

最近、日本では南方系の出家者たちが著した書が人気のようだ。それらすべてに目を通したわけではないが、初期経典に基づく自分たちの仏教こそが〝本物（絶対）〟であり、大乗経典に基づく日本仏教は〝偽物〟であるかのような論調で書かれており、それは一定の評価を得ているらしい。戒律を重視しない日本の出家者の一人として、厳しい戒律を遵守し、ブッダの時代の仏教を今に伝える南方系の出家者の姿勢には頭が下がるし、心から敬意を表する。

だが、「初期経典はブッダの言葉であるから〝本物（絶対）〟、大乗経典はブッダの言葉でないから〝偽物〟」と主張しているのであれば、それは原理主義的発想であり、仏教本来の立場とは相容れない。そもそも「初期経典」と一口に言っても複数の写本が存在し、その内容もすべて同じではなく、異読も数多く存在する。その場合、どの読みが何をもって〝ブッダの直説〟と言えるのか。本庄の指摘、「仏説が仏説であるという理由で〝最終的な正しさの根拠とされる〟事態は、すでに部派仏教の時代において消滅しているのだ」を、ここで再確認すれば充分であろう。

逆に「大乗経典こそ本物（絶対）／宗祖こそ絶対」という立場も原理主義になる。教え自体は普遍でも絶対でもない。教祖・宗祖も同様である。それ以上に重要なのは、繰り返しになるが、「時機相応」という態度だ（より正確には「地時機相応」と言うべきか。つまり「地域・時代・機根に相応」ということ）。この用語は浄土教と密接に関係し、これまで何度も浄土教を「時機相応の教え」と強調したり、これを浄土教の専売特許のように扱ってきたが、ここに至って修正をしなければならなくなった。つまり「浄土教が時機相応の教えなのではなく、仏教自体が時機相応の教えなのだ」と。浄土教はその典型例、あるいは具現化の一形態に過ぎなかったのである。

経典や教祖・宗祖の教えを遵守することだけに終始し、時機相応の教えとして仏教を脱皮させる努力を怠れば、それはもはや仏教ではない。自己否定（脱皮）するところに仏教のダイナミズムがあるのであり、自己否定（脱皮）を止めれば仏教は死滅する。「仏に逢っては仏を殺し、祖にあっては祖を殺せ」（臨済禅師）が実践できるかどうかが問題なのだ。日本の宗派仏教についての並川［2017: 125–126］の見解を紹介しておく。

開かれたはずの宗派が、時代性や地域性を反映することなく、旧態依然としてまるで保持することが目的化したかのように存在し続け、それによって排他的な状況を生むことになれば、その宗派は宗祖の意志はもとより、仏教の範疇からもはみ出している。仏教は常にその時代その地域に根ざした宗教であり、そこで生き生きと活動していなければならず、現実を無視してただ単に形式的な信仰という形態だけで宗祖と個人が結びついて存続しているならば、これまた仏教の枠から逸脱することになるのである。宗祖が宗を起こした真意が今も生きているかどうかを直視することが、宗祖の真意を継承することになるであろう。そこに、宗派が宗派として存在する意義があるはずである。

妻帯して子供を設けている出家者でも、今ここで苦悩する人々と真摯に対峙し、その人々に相応しい法を説く仏教は仏教たりえるだろう。逆に戒律を遵守する出家者でも、ブッダや初期経典を絶対視し、苦悩する人々を前にしながら時機相応の教えを説かない仏教は仏教ではない。浄土教のみならず、仏教が仏教でありうる条件、それは「時機相応の教え」を説いているかどうかにかかっている。「ブッダの教えを忠実に守っている／ブッダの時代の仏教に近い」というだけでは、仏教たりえないのである。

日本の宗派仏教も同様で、宗祖や特定の大乗経典のみを絶対視し、「時機相応の教え」を説かなければ、それは仏教に値しない。「時機相応の教え」こそ「ブッダたちの仏教」であることを最後に確認し、本書を閉じることにしよう。

おわりに

本格的な研究から身を引いて、ずいぶん時間が経過した。最後の学術的成果は、二〇一二年の『法華経成立の新解釈——仏伝として法華経を読み解く』（大蔵出版）であろうか。とすれば、もう六年、アカデミックな世界には背を向け、大学行政を生業としてきたことになる。仏教研究に魅力を感じ、法然や親鸞とは正反対に、厳しい自己省察もないまま自分の能力を過信してこの世界に飛び込んだが、いま当時の自分を振り返ってみると、背筋が凍りつきそうになる。

しかし、そんな未熟な私を学部時代から厳しくも優しく見守り、気に懸けてくださったのが、この三月末日をもって佛教大学を退職された並川孝儀先生である。私にとって並川先生は、親鸞にとっての法然、法然にとっての善導のような存在といえようか。

アメリカへの留学も、いま奉職している京都文教大学への就職も、また学問上の教授や指導も、並川先生抜きには語れない。多くの先輩・後輩・同僚のお世話になったことは確かだが、並川先生は別格である。また先生の学問観や人生観にも私は大いに触発されたが、その先生が昨年度末をもって退職された。本来なら、古稀記念論集なるものを作成して先生に贈呈するのが慣例であろうが、そのような試みは、きっと全力を挙げて固辞されるに違いない。先生はそういう人なのだ。

かといって、これまで受けたご恩に対し、何もしないのは知恩・報恩の精神にもとるし、酒宴を一席設けるだけでは、金でことを済まそうとしているようで気が引ける。というわけで、今の私に可能なかぎりの知力と体力と気力とをフル稼働し（といっても、雀の涙ほどですが）、難産のすえに出産した本書を、並川先生の古稀記念として捧げたい。大学教員の主要な務めは教育・研究・社会貢献の三つだが、二〇一二年以降は社会貢献の一環として、研究論文や研究書の代わりに一般書の出版を心がけてきた。本書もその成果の一つである。喜んでいただけるか心配だが、慶事に免じてご勘弁を。

さて本書をまとめるにあたっては、多くの方々の協力を得た。中国や日本の浄土教については、元佛教大学准教授・善裕昭氏と佛教大学教授・齊藤隆信氏から有益な示唆をいただいた。この紙面を借りて感謝申し上げる（ただし本書の内容について、その責任がすべて私自身にあることは言うまでもない）。

また、佛教大学教授の本庄良文氏には、今回も甚深の謝意を表したい。そもそも本書を上梓しようと思い立ったのは同氏の論攷がきっかけであるし、また本書の執筆中にもさまざまなご教授を頂戴した。本庄氏の学説（理法）のトランスレーターよろしく本書を執筆したが、誤訳していないことを祈るばかりだ。

さて、今回は春秋社からの出版となったが、これについては大先輩の吹田隆道氏を介して春秋社の編集者・佐藤清靖氏と出会ったことがきっかけとなった。創業百年という出版社から本書を刊行できたことは、私にとって望外の喜びである。両氏には衷心より謝意を表したい。

思い起こせば、大学一回生のとき、並川先生が担当される一般教養の英語の授業を履修したのが先生と私との最初の出会いであったが、当初から先生は怖い存在であり、学生からは畏れられていた。大学院に進学しても、私の研究の不備を厳しく指摘されるばかりで、褒められたことは一度たりともなく（今にして思えば当然ですが）、キャンパス内で先生とすれ違いそうになるときは、脇道に逸れたこともあった。

私が博士課程二年目の秋、そんな先生が私を研究室に呼びだした。また叱られるのだろうと腹をくくって研究室に入ると、「博士課程が終わったら、どうするつもりだ」と、いつものように強い語調で問い詰められた。「何も考えていません。ミュージシャンでもして喰っていこうと思います」となかば自嘲気味に答えると、先生は厳しく私を叱りつけ、その後「留学してみないか」と優しく勧めてくださった。

「えっ⁉」私は耳を疑った。実のところ、先生は私の将来を誰よりも真剣に考えてくれていたのだ。このとき以来、先生に対する私の評価は反転した。憑き物が落ち、地獄の閻魔が極楽の阿弥陀仏に変身した瞬間である。〝月影〟は常に私を照らしてくれていたのに、私の方が目を閉ざしていただけであったことに、このときはじめて気づく。また、就職については先生に多大なご心配とご迷惑をおかけしたが、それを書きはじめると、あと数十頁は必要なので割愛。そして今日に至る。

並川先生、いろいろありましたね。最初にお逢いしてから、もう四〇年近くが過ぎてしまいました。本当に感謝しています。少しは先生の学恩に報いることができたでしょうか。まったく自信はありませんが、退職されても私たちを鼓舞しつづける存在でいてください。また一杯やりましょう。いつまでもお元気で！

二〇一八年四月一二日（恩師並川孝儀先生の七一回目の誕生日に、先生の退職を祝して）

不肖の弟子　平岡　聡

引用文献ならびに主要参考文献

阿満　利麿　1989『法然の衝撃――日本仏教のラディカル』京都・人文書院.

――――1999『法然を読む――「選択本願念仏集」講義』東京・角川書店.

――――2011『親鸞』東京・筑摩書房.

――――2011『法然入門』東京・筑摩書房.

井川　定慶　1952『法然上人伝全集』大阪・法然上人伝全集刊行会.

石井　教道　1955『昭和新修法然上人全集』東京・法然上人七百五十年御忌準備局.

石上　善應　2010『選択本願念仏集』東京・筑摩書房.

石川　琢道　2008「『往生論註』における十念について」『大正大学大学院研究論集』32, 139–149.

石田　慶和　1991「親鸞　第三章・第四章」『浄土仏教の思想　第九巻』東京・講談社.

石田　瑞麿　1989『教行信証入門』東京・講談社.

今村　仁司　2009『親鸞と学的精神』東京・岩波書店.

岩井　大慧　1957『日本仏教史論攷』東京・東洋文庫.

梅原　　猛　2000『法然の哀しみ（梅原猛著作集10）』東京・小学館.

瓜生津隆真　1994『十住毘婆沙論Ⅰ（新国訳大蔵経・釈経論部12）』東京・大蔵出版.

大竹　晋 2011『法華経論・無量寿経論他（新国訳大蔵経・釈経論部18）』東京・大蔵出版.
大谷　暢順 2001『蓮如［御文］読本』東京・講談社.
大橋　俊雄 1997『選択本願念仏集』東京・岩波書店.
小谷信千代 2000『法と行の思想としての仏教』京都・文栄堂.
――― 2015『真宗の往生論――親鸞は「現世往生」を説いたか』京都・法藏館.
――― 2016『誤解された親鸞の往生論』京都・法藏館.
香川　孝雄 1984『無量寿経の諸本対照研究』京都・永田文昌堂.
梯　信暁 2012『インド・中国・朝鮮・日本　浄土教思想史』京都・法藏館.
梶山　雄一 1992「般舟三昧経」『浄土仏教の思想　第二巻』東京・講談社.
片山　一良 1979「パリッタ（Paritta）儀礼の歴史的背景――アッタカター文献を中心にして」『駒澤大学仏教学部論集』10, 112–124.
金子　大栄 1957『教行信証』東京・岩波書店.
辛嶋　静志 2010「阿弥陀浄土の原風景」『佛教大学総合研究所紀要』17, 15–44.
河合　隼雄 1986『宗教と科学の接点』東京・岩波書店.
百済　康義 1979「観無量寿経――ウイグル語訳断片修訂」『仏教学研究』35, 33–56.
黒田　俊雄 1975『日本中世の国家と宗教』東京・岩波書店.
桜部　建 1997『増補　仏教語の研究』京都・文栄堂.
佐佐木　隆 2013『言霊とは何か――古代日本人の信仰を読み解く』東京・中央公論新社.

佐藤　弘夫　2014『鎌倉仏教』東京・筑摩書房．
釈　徹宗　2011『法然 親鸞 一遍』東京・新潮社．
浄土宗総合研究所　2014『浄土宗の「浄土三部経」理解――法然上人と親鸞聖人の相違をめぐって（総研叢書第八集）』京都・浄土宗．
末木文美士　1989「『般舟三昧経』をめぐって」『インド哲学と仏教（藤田宏達博士還暦記念論集）』京都・平楽寺書店，313–332．
――――　1996『日本仏教史――思想史としてのアプローチ』東京・新潮社．
――――　2004「法然の『選択本願念仏集』撰述とその背景」中井真孝編『日本の名僧7　念仏の聖者法然』東京・吉川弘文館，85–110．
――――　2013『浄土思想論』東京・春秋社．
鈴木　大拙　1970『鈴木大拙全集（第11巻）』東京・岩波書店．
千賀　真順　1994『国訳一切経　和漢撰述部六（諸宗部五）』東京・大東出版社．
平　雅行　1992『日本中世の社会と仏教』東京・塙書房．
――――　2001『親鸞とその時代』京都・法蔵館．
――――　2011『歴史の中に見る親鸞』京都・法蔵館．
武内　紹晃　1993「龍樹・世親」『浄土仏教の思想　第三巻』東京・講談社．
武内　義範　1991「親鸞　第一章・第二章」『浄土仏教の思想　第九巻』東京・講談社．
玉城康四郎　1995『ダンマの顕現――仏道に学ぶ』東京・大蔵出版．

陳　敏齢　2007「親鸞「化身土巻」における仏身論をめぐる一考察」『印度学仏教学研究』55–2, 16–21.
塚本善隆　1968『不安と欣求〈中国浄土〉（仏教の思想8）』東京・角川書店.
津田左右吉　1957『シナ仏教の研究』東京・岩波書店.
藤堂恭俊　1995「曇鸞」『浄土仏教の思想　第四巻』東京・講談社.
長尾雅人　2001『仏教の源流――インド』東京・中央公論新社.
中村　元　1988『インド人の思惟方法――東洋人の思惟方法Ⅰ（中村元選集［決定版］第1巻）』東京・春秋社.
――――　1989『ヴェーダの思想（中村元選集［決定版］第8巻）』東京・春秋社.
――――　1992『ゴータマ・ブッダⅠ（中村元選集［決定版］第11巻）』東京・春秋社.
並川孝儀　2005『ゴータマ・ブッダ考』東京・大蔵出版.
――――　2017『ブッダたちの仏教』東京・筑摩書房.
奈良康明　1973「パリッタ（Paritta）呪の構造と機能」『宗教研究』213, 39–69.
西田幾多郎　1989『西田幾多郎哲学論集Ⅲ』東京：岩波書店.
袴谷憲昭　1998『法然と明恵――日本仏教思想史序説』東京・大蔵出版.
幡谷　明　1989『曇鸞教学の研究――親鸞教学の思想的基盤』京都・同朋舎出版.
林　純教　1994『蔵文和訳・般舟三昧経』東京・大東出版社.
早島鏡正・大谷光真　1987『浄土論註（佛典講座23）』東京・大蔵出版.

バルバロ、フェデリコ　1980　『聖書』東京・講談社.

平岡　聡　2002　『説話の考古学――インド仏教説話に秘められた思想』東京・大蔵出版.

――――　2007a/b　『ブッダが謎解く三世の物語――『ディヴィヤ・アヴァダーナ』全訳』（全2巻）東京・大蔵出版.

――――　2012　『法華経成立の新解釈――仏伝として法華経を読み解く』東京・大蔵出版.

――――　2013　「大乗仏教における〈念仏〉の再解釈」『佛法僧論集（福原隆善先生古稀記念論集）』東京・山喜房仏書林, 23–42.

――――　2015　『大乗経典の誕生――仏伝の再解釈でよみがえるブッダ』東京・筑摩書房.

――――　2016a　『ブッダと法然』東京・新潮社.

――――　2016b　『〈業〉とは何か――行為と道徳の仏教思想史』東京・筑摩書房.

吹田隆徳　2016　「般舟三昧と仏随念の関係について」『印度学仏教学研究』65–1, 190–193.

藤田宏達　1970　『原始浄土思想の研究』東京・岩波書店.

――――　1985　『善導（人類の知的遺産18）』東京・講談社.

――――　2007　『浄土三部経の研究』東京・岩波書店.

本庄良文　1989　「阿毘達磨仏説論と大乗仏説論――法性、隠没経、密意」『印度学仏教学研究』38–1, 59–64.

――――　2011　「経の文言と宗義――部派仏教から『選択集』へ」『日本仏教学会年報』76, 109–125.

牧田　諦亮　1995　「道綽」『浄土仏教の思想　第四巻』東京・講談社.

松長　有慶　1991　『密教』東京・岩波書店.

松濤　誠達　1980　『ウパニシャッドの哲人（人類の知的遺産2）』東京・講談社.

松本　史朗　2001　『法然親鸞思想論』東京・大蔵出版.

蓑輪　顕量　2015　『日本仏教史』東京・春秋社.

向井　　亮　1977　「世親造『浄土論』の背景――「別時意」説との関連から」『日本仏教学会年報』42, 161–176.

山本　博子　2005　『図解雑学・法然』東京・ナツメ社.

Harrison, P. 1990 *The Samādhi of Direct Encounter with the Buddhas of the Present: An Annotated English Translation of the Tibetan Version of the Pratyutpanna-Buddha-Saṃmukhāvasthita-Samādhi-Sūtra* (Studia Philologica Monograph Series V), Tokyo: The International Institute for Buddhist Studies

Hoernle, A. F. R. 1916 *Manuscript Remains of Buddhist Literature Found in Eastern Turkestan: Facsimiles of Manuscripts in Sanskrit, Khotanese, Kuchean, Tibetan and Chinese with Transcripts, Translations and Notes. Edited in Conjunction with Other Scholars, with Critical Introductions and Vocabularies*, Oxford (Reprint: Amsterdam).

MacQueen, G. 1981–82 "Inspired Speech in Early Mahāyāna Buddhism 1," *Religion* 11, 303–319; ibid. 2, Religion 12, 49–65.

Nattier, J. 1991 *Once upon a Future Time: Studies in a Buddhist Prophecy of Decline*, Fremont: Asian Humanities Press.

——— 2003 *A Few Good Men: The Bodhisattva Path according to the Inquiry of Ugra (Ugraparipṛcchā)*, Honolulu: Univ. of Hawai'i Press.

Schopen, G. 1977 "Sukhāvatī As a Generalized Religious Goal in Sanskrit Mahāyāna Sūtra Literature," *Indo-Iranian Journal*, 19–3/4, 177–210.

Silk, J. A. 1997 "The Composition of the Guan Wuliangshoufo-jing: Some Buddhist and Jaina Parallels to Its Narrative Frame," *Journal of Indian Philosophy*, 25–2, 181–256.
ジョナサン・A・シルク、平岡聡訳「『観無量寿経』の成立に関する問題――ジャイナ教聖典を手がかりとして」山田明爾編『世界文化と仏教』京都・永田文昌堂, 2000, 131–155.

著者略歴

平岡　聡（ひらおか　さとし）

1960（昭和35）年、京都市生まれ。佛教大学卒、同大学院博士後期課程満期退学。ミシガン大学アジア言語文化学科留学（1987～1989）。京都文教大学教授を経て、現在、京都文教大学学長、京都文教学園学園長。博士（文学）。著書に『法華経成立の新解釈』（大蔵出版）、『大乗経典の誕生』（筑摩書房）、『ブッダと法然』（新潮社）、『〈業〉とは何か』（筑摩書房）などがある。

浄土思想史講義――聖典解釈の歴史をひもとく

二〇一八年六月一五日　第一刷発行

著　者　平岡　聡
発行者　澤畑吉和
発行所　株式会社　春秋社
東京都千代田区外神田二―一八―六（〒一〇一―〇〇二一）
電話（〇三）三二五五―九六一一　振替〇〇一八〇―六―二四八六一
http://www.shunjusha.co.jp/
印刷所　萩原印刷株式会社
装　丁　美柑和俊
定価はカバー等に表示してあります。

 ISBN978-4-393-13804-5